賢く生きるより　辛抱強いバカになれ

稲盛和夫　山中伸弥

朝日文庫

本書は二〇一四年十月、小社より刊行されたものです。
なお、文中に出てくる肩書、所属等は、原則として執筆当時のものです。

賢く生きるより　辛抱強いバカになれ ● 目次

賢く生きるより
辛抱強いバカになれ

文庫版まえがき

稲盛和夫京セラ名誉会長（稲盛財団理事長）に初めてお目にかかったのは2004年のことでした。当時、私は無名の研究者で、稲盛財団から研究助成金を受けた50名の研究者のひとりとして贈呈式に参加しました。京セラとKDDIという世界的企業を2つも創業された稲盛さんは、私たちにとって雲の上の方です。そんな稲盛さんが50名ひとりひとりと握手をされ、激励の声をかけてくださり、感動したのを覚えています。

稲盛さんと再会したのは、2010年の秋に稲盛財団の京都賞先端技術部門を受賞したときでした。京都賞ウイークと呼ばれる数々の行事の中で、何度か稲盛さんの横に座る機会をいただきました。とても優しく接していただきましたが、緊張のあまり十分にお話しすることができませんでした。

折しもその年は、稲盛さんが日本航空（JAL）の代表取締役会長に就任された年でもありました。その後わずかの間にＪＡＬの再建に成功された稲盛さんは、「経営の神様」として国内はもとより、中国など国外においても、政財界のリーダーから崇拝されています。私にとってはますます雲の上の存在となりました。そんな稲盛さんと、本書の出版のために、じっくりお話を伺う夢のような機会に恵まれたのです。

２００６年のｉＰＳ細胞開発以来、私は自分の仕事が違う職業に変わったように感じています。それまでは、科学者として研究成果を出すのが仕事でした。成果がいつか社会に役立てば良いなと漠然と考えていました。しかし、ｉＰＳ細胞という技術に出会ってからは、医療応用を実現するという具体的な目標ができました。自分たちだけの小さなグループだけでは、また研究者だけでは、医療応用を達成することはできません。あたかもジグソーパズルのようで、さまざまなピースが必要です。研究者も重要なピースですが、臨床医学、知財、規制、産学連携、倫理、広報、資金獲得など多くの専門家（ピース）を集める必要があります。またピースを集めるだけではダメで、それを正しい場所にはめ込まなければなりません。研究者として体験したことがない大きな悩みを抱えるようになりました。

今回、経営者として多くの厳しい、そして正しい決断をされてこられた稲盛さんから直接ご経験やお考えを伺えたことは、私が医療応用実現のため様々な苦悩を持つ中でたいへん有り難いことでした。この対談を通して、多くの仲間とともに目指している「iPS細胞の医療応用」という高い山の頂《いただき》を目指して登っていくにあたり、非常に多くの示唆と勇気を与えていただきました。また、人間としてあるべき姿勢についても深く考えさせられました。

稲盛さんは、私が社会人になってすぐに他界した父と同世代です。稲盛さんの足元にも及びませんが、父も経営者でした。仕事で悩むたびに、父から助言をもらいたいと思ってきました。今回の対談中、何度か稲盛さんと父の姿が重なりました。本書を手に取られた方々が、経営や仕事、そして人生について考え、悩む中で、私が稲盛さんから学んだことを共有していただけるならば、望外の喜びです。

この本が単行本として出版されてから2年半が経ちました。こんなに早く文庫化されることを大変光栄に思います。この間に、理化学研究所などが加齢黄斑《おうはん》変性という目の病気において、iPS細胞を用いた臨床研究を始めました。私が所長を務める京都大学iPS細胞研究所でもiPS細胞の医療応用に向けた準備が進んでいます。そして、今年3月には第3研究棟が竣工し、構成員も500名を優に超えるでしょう。このような状況下で、ますます研究所の運営やiPS細胞技術の実用化という仕事の責任重大さをひしひしと感じています。再び本書を読み返し、稲盛さんの言葉に触れ、経営者としての心構えを再認識したいと思います。

末筆となりましたが、このような得難い機会を与えてくださった、公益財団法人稲盛財団、京セラ株式会社、株式会社朝日新聞出版の方々に心より感謝申し上げます。

山中伸弥

２０１７年２月

２０１０年京都賞晩餐会で談笑する稲盛和夫氏と山中伸弥氏

序章

京都賞受賞から4年後の再会

失敗を繰り返し、
予想外の結果が出ても、
意外な発見につながるという面白さがある。

●日本版ノーベル賞「京都賞」

山中　ごぶさたしております。今日はお忙しいなか、このような時間をいただきありがとうございます。

稲盛　私も山中先生とゆっくりお話ができるというので今日は楽しみにまいりました。おかげさまで２０１３年３月でＪＡＬの取締役も無事に退任しまして、以前にくらべると少し暇になりました。まあ、家にいるときは何もしない、ぐうたらな男なんです。こうしてお話しするのは、２０１０年の京都賞（主催・稲盛財団）の授賞式以来でしょうか。

山中　はい。２０１０年に「人工多能性幹細胞（ｉＰＳ細胞）を誘導する技術の開発」に対して、京都賞の先端技術部門で賞をいただきました。ゆっくりとお話しするのはそのとき以来です。２０１４年は京都賞の30回目にあたる記念の年だそうですね。

稲盛　はい。稲盛財団の名誉総裁をしていただいている高円宮妃久子殿下はじめ、たくさんの方々のご協力をいただいたおかげで30回を迎えることができました。京都賞は「人のため、世のために役立つことをなすことが、人間として最高の行為である」という、かねてからの私自身の人生観に基づき、一生をかけて真摯に努力を重ね、その素晴らしい業績をもって人類社会に貢献された研究者や芸術家の方々を顕彰するため、１９８４年に創設いたしました。今ではノーベル賞の登竜門となる国際賞の一つとして「日本版ノーベル賞」とも言われ、創設当初の私の想いをはるかに超える賞へと育んでいただきました。

山中　覚えていらっしゃらないかもしれませんが、私が初めて稲盛さんとお会いしたのは、京都賞をいただく6年前（２００４年度）でした。稲盛財団から研究助成金をいただいているんです。

稲盛　そうでしたか。国内の若手研究者を対象とした独創的で優れた研究活動を助成する事業ですが、毎年50名の方にそれぞれ１００万円の研究助成金を交付しています。

山中　贈呈式で稲盛さんが50人ひとりひとりと握手して「頑張ってください」と声をかけられたことに驚きました。その贈呈式の挨拶で「研究助成金を使っていただいて、いよいよ研究に励んでいただき、将来京都賞やノーベル賞をもらえるような研究をしていただきたい」とおっしゃったんです。

稲盛　それが実現したわけですから、これ以上嬉しいことはないですね。そのときはもうiPS細胞の胎動といいますか、イメージはつかんでおられたんですか。

山中　はい、助成金をいただいたのはまだ奈良先端科学技術大学院大学遺伝子教育研究センターにいたときで、初めて持たせてもらった自分の研究室で、iPS細胞につながる研究をしていました。具体的には、ES細胞（胚性幹細胞）の中で特異的に働く遺伝子を探す研究をしていました。

稲盛　最初はES細胞の研究をしてらしたんですか。

山中　最初といいますか、私の場合はiPS細胞を発見するまで紆余曲折がありました。というのも、血中コレステロールの研究をしていたら癌《がん》発生に関係する遺伝子を見つけてしまい、この癌に関係する遺伝子を研究していたときに発見した新しい遺伝子がじつは万能細胞であるES細胞の重要な遺伝子だったことがわかりました。このような予想外な結果に興味をもってしまって、そのまま追いかけていったら、最終的にiPS細胞にたどり着いたという流れなんです。助成金をいただいたのは、ES細胞を使って、細胞核の初期化に関係する遺伝子を懸命に探していた頃です。まだまったく先が見えない時期でした。

稲盛　ES細胞からiPS細胞へは、研究を進化させていったというイメージですか。

山中　ＥＳ細胞もｉＰＳ細胞も、肝臓とか心臓とか血液といったさまざまな細胞になれる万能細胞です。ＥＳ細胞は受精卵から少し発生した胚の中の細胞を取り出してから作る万能細胞で、当時すでにマウスのＥＳ細胞に続き人間のＥＳ細胞も樹立されていました。しかし基本的に他人の細胞なので再生医療への使用は拒絶反応というリスクがあり、また受精卵を使うことには倫理的な課題があると言われていました。それならば受精卵を使わずに万能細胞を作れたら解決できるじゃないか、という単純な発想で研究をはじめ、運よくｉＰＳ細胞の発見につながったという流れです。実際には皮膚の細胞に４つの遺伝子を導入することで、ｉＰＳ細胞という本人由来の万能細胞を作ることができました。

稲盛　そういうことだったんですか。しかし万能細胞については、知れば知るほど不思議に思うことがあります。われわれの体は受精卵からどんどん分裂・増殖して作られていくわけですが、その細胞がどんどん分裂していったときに、鼻のところにきた細胞は鼻を形成する、目のところにきた細胞が網膜を形成していく、いったいそれはどうしてそうなっていくのかということなんです。

山中　それは生物学でも１００年以上にわたる大論争となった問題なんです。今ではその一部はわかってきています。私たちの体は約60兆個、２００種類以上の細胞でできています。すべての細胞は1個の受精卵からスタートしますから、受精卵の中にはすべての設計図が揃っている。

稲盛 人間の体を作る設計図ですね。

山中 そうです。細胞にとっての設計図とは遺伝子です。遺伝子は約3万種類あり、設計図は全23巻、30億字もある膨大なものです。つい数十年前までは、生殖にかかわる卵子の細胞と精子の細胞にはすべての設計図が残っているが、そのほかの細胞にはそれぞれ必要な情報、つまり血液細胞なら血液になる設計図、皮膚細胞には皮膚になる設計図しか残っていないと考えられていました。でも今では、どの細胞にも完全な設計図が残っていることがわかっています。

稲盛 すべての細胞に完全な設計図が残っている。そうだとしたら、ますます不思議ですね。

山中 はい。ではなぜ、同じ設計図なのに、ある細胞は皮膚になり、ある細胞は血液になるのか。じつはそれぞれの細胞で、しおりのような働きをするたんぱく質がまず作られるんです。そのしおりが30億字ある分厚い本の、あるページだけにピッピッと入る。それによって各細胞はそのページだけを開けて読むということがわかっています。つまり持っている設計図は同じなんですが、読むページが細胞によって違うので、違った細胞になっていく。

稲盛　それでも、部位にあわせて細胞の読むページが違うのは、どうしてなんでしょうか。たとえば鼻にならなきゃならないのに耳になったりする細胞はいませんよね。

山中　そこはまだ完全にわかっていないんです。受精卵というのはまったくしおりがない状態で、そこから2つ4つと分かれていくんですが、その段階ではまだしおりは1枚も入らない。ところが、4つから8つ、8つから16に分かれる段階で、ちょっとずつ違うところにしおりが入りだしていくことはわかっています。つまり、そこからちょっとずつ違う方向に向かいだして、たとえば血液の方向に向かいだした細胞が分裂すると、また更に細かいしおりが入っていって、赤血球になったりリンパ球になったりする。そうやって段階的にしおりが入っていくんです。

稲盛　神秘的ですね。

山中　じつは、このしおりが入るという考え方を唱えたのが、２０００年に京都賞の基礎科学部門で受賞された、ヴァルター・ヤコブ・ゲーリング博士なんです。

稲盛　ゲーリング博士というと、たしかショウジョウバエを使って実験された先生でしたね。

山中　はい。何をされたかというと、ショウジョウバエを使って、目を作るのに必要なしおりを触角の部分に送り込んだんです。そうすると、たった1枚のしおりを送り込んだだけで、触角になるべきところに目ができた。まさに設計図は共通で、しおりを入れ替えるだけで細胞の性質が変わることが証明されたわけです。

稲盛　そうですね。

山中　このような研究を受けて、私は仮説を立てました。皮膚の細胞もES細胞も設計図は同じで、違うのは〝しおり〟であるとすれば、ES細胞の〝しおり〟を見つけて皮膚細胞に送り込めば、触角の細胞から目の細胞ができたのと同じように、皮膚細胞からES類似細胞ができるのではないかと考えました。そこから、研究室のメンバーと一緒に、ES細胞における〝しおり〟探しを一生懸命行いました。稲盛財団から研究助成金をいただいたのはちょうどその頃だったんです。

●実験の不思議と面白さにとりつかれる

稲盛　私ももともと技術屋で、若い頃はセラミックスの研究開発に没頭する日々でした。それこそ鍋釜を研究室に持ち込んで、泊まり込みで研究や製品開発をしていた時期もありました。そのなかでつくづく思うのは、実験というのはやっている本人すら気付かない微妙なものに左右されるものだということなんです。たとえば２０１４年に入って理化学研究所（理研・当時）の小保方《おぼかた》晴子《はるこ》さんのＳＴＡＰ細胞の問題がずいぶん騒がれています。ＳＴＡＰ細胞そのものについては、私は素人なのでまったくわかりません。ただ、実験の再現性に限っていえば、その難しさというか微妙さはわかるような気がします。

ヴァルター・ヤコブ・ゲーリング博士
（稲盛財団提供）

山中　稲盛さんはもともと研究開発者でいらっしゃった。

稲盛　ええ。たとえば、京セラで海外シェアを伸ばしている製品のひとつにプリンター（複合機）があります。京セラはプリンターメーカーとしては後発なんですが、それにもかかわらずよく売れている理由は、耐久性が抜群にいいからです。30万〜60万枚出力してもドラムが摩耗しない。それはアモルファスシリコンという非常に硬い特殊なシリコンを感光体に使っているからです。アモルファスシリコンが感光体としてすばらしい性質をもっているので、製品化に向けた研究開発を始めました。ところが、開発の段階では非常に苦労しました。少し専門的になりますが、アルミニウムの素管《そかん》の表面にシランガスというシリコンのガスを流し込み、それをグロー放電させる。そうするとシランガスが分解され、それをアルミニウムの素管をぐるぐる回しながら、均一にデポジットするとアモルファスシリコンドラムが作れる。そういう実験です。最初何回かやっているうちに1本良品ができて、それで実験してみるときれいに複写できるんですね。できた、と大喜びしたんですが、後からいくらやっても再現性がない。同じ条件でやっているつもりですが、やってもやってもできない。

山中　よくわかります。

稲盛　当初、鹿児島にある研究所でやらせていたんですが、ある日の夜中に様子を見にいってみたら、実験しながら寝てる。それはそうでしょうね、夜通しやってるわけですから。その場で叱ってその研究チームは解散させまして、装置だけを滋賀の工場に送り、そこで新たなチームを作って、一からやらせました。私が彼らに言ったのは、うまくできたときの物理的な条件だけではなくて、そのときの自分の精神状態まで再現してやってみなさい、気温や湿度、時間といった物理的な条件だけではなく、前の日にどんなことがあって、どんな心理状態で実験していたのか、そこまで再現してやってみなさい、ということでした。

山中　それはすごいですね。それで、滋賀の工場ではできたんですか。

稲盛　できたんです。一度うまくいって、さらに再現することができた。物というのは面白いもので、あんなに難しかったのに、一度再現できると、あとはもう簡単にできるようになるんですね。最初はどうしても再現できなかったのが、一度再現できると、あとは誰がやっても作れるようになるんです。技術というものはそういうものですね。

山中　うちの研究所でも、学生を含めた研究者全員に実験ノートの書き方を指導しています。天気とか、気温とか、書けることは全部、書けと言っています。

稲盛　天気も必要ですね。

山中　やはり実験して一度はうまくいったのにそれを再現できない。そのときに何が違うんだろうと考えるわけですが、人間の記憶なんてすぐに薄れてしまいますから、それを検証するのはノートしかなくなってくるんですね。なぜ今はできないのか、なぜ過去にはできたのか。それがノートに詳細に残っていると、「あっ、これだ」と気付くときもあります。

稲盛　そうでしょうね。

●iPS細胞にも誤算が……

山中　じつは、iPS細胞でもあったんです。iPS細胞は、分化した細胞に4つの遺伝子を入れて細胞の初期化が起こることで樹立される、さまざまな細胞になれる万能細胞です。これを実際に実験したのは私ではなく、奈良先端科学技術大学院大学時代から一緒に研究してきた、当時研究員だった高橋和利君です。高橋君の実験では、皮膚細胞に4つの遺伝子を入れると、iPS細胞になった。高橋君の実験では4つの遺伝子が必要で、どの一個を除いてもできなくなる。それを論文に書いて発表したわけです。ところが、全く同じ実験をうちの研究室の中川誠人君という助教（当時）がやったら、3つの遺伝子でもできてしまった。

稲盛　ほう。

山中　これは困ったぞと。そのとき、私が言ったのは、これを人から指摘されたら恥だぞと。ここは自分たちでしっかり検証して、3つでもできますということをまず報告せなあかんと。そこで2人の実験ノートを徹底的に見返させて、何が違うかを全てのステップで見比べるということをしました。

稲盛　見つかったんですか。

山中　はい。唯一違ったのは、ある薬を入れるまでの時間が、高橋君は1週間だったんですが、中川君は2週間で、1週間長く待っていたことがわかったんです。いくらノートを見返しても、そのほかの大きな違いはない。それで高橋君にも2週間で試してもらったら、やはり3種類の遺伝子でもiPS細胞ができました。

稲盛　なぜ2週間なら3つの遺伝子でできるのか、その原因はわかったんですか。

山中　はい。その薬はiPS細胞だけを選択するための薬なんですけれども、選択の開始を遅らせると3因子でもできるようになることがわかりました。3因子だとiPS細胞になるのに時間がかかるため、選択が早すぎると細胞が死んでしまうんです。

稲盛　やはりどんな些細なことも実験ノートに書き残すことは大事ですね。

山中　日頃のノートの記録は非常に大切で、たとえばルーズリーフはダメだとか、鉛筆はダメ、消す場合もホワイトを使うのはダメでペケで消して何が書いてあったかわかるようにしなさいとか。この場合は日数の違いだったので、まだ比較的気付きやすかったわけですが。

稲盛　ほんとうに実験というのは不思議なことが多くて、それだけに面白いですね。一度できても、再現できるとは限らない。逆に、何回やっても成功しなかった実験が、一度できてしまうと、あとは誰がやっても、再現できるようになる。これはそういうものなんです。おそらく、本人も気付いていない微妙な手の感覚の違いだったり、勘のようなもの、あるいは心理状態までが実験結果に影響しているんじゃないかと思うんです。

山中　技術員が実験の手順を間違えたおかげでノーベル賞につながったという話もあるんです。

稲盛　ほう。それは面白いですね。

山中　1998年にノーベル賞の医学生理学賞を受賞されたアメリカの科学者、ロバート・ファーチゴット博士です。彼は「内皮由来弛緩因子」という血管を弛緩させる物質を発見したことによってノーベル賞を受賞するんですが、その見つけ方が非常に面白いんです。ご承知のように血管というのは伸び縮みする筋肉です。血管が筋肉であることは、昔からわかっていたと思います。でも、じつは、血管は筋肉だけではなく、その内側の血液が流れている面に一層の薄い細胞が裏打ちされていた。この薄い細胞は「内皮細胞」と呼ばれていますが、この内皮細胞が血管を弛緩させる物質を作っていることを発見し、ノーベル賞を受賞したのがファーチゴット博士なんです。発見のきっかけは、まず動物の血管にある薬を入れると血管が広がるという現象があって、この薬は血管を広げる薬だと、つまり血圧を下げる薬だと言われていました。一方、摘出した血管にその薬を使ったときは、血管が収縮するという相反する現象もわかっていました。ところがある日、ある技術員が、同じように動物から摘出した血管にその薬を作用させてみたら、血管が広がってしまったと。その技術員によく聞いてみると、彼は博士が指示した洗浄という手順をしていなかった。それをきっかけに深く調べていくと、血管を扱うときに傷をつけている場合にはその薬で血管が収縮するんですね。血管を傷つけていないときは、血管が広がる。普通の人なら「あっ、これはこの技術員が手順を守らなかったからだ。洗浄をしなかったから変な結果が起こっているんだ」で終わってしまうんです。ところがファーチゴット博士が偉いのは、「いや、単にこの男が不注意なだけやなくて、これはやっぱり理由があるのではないか」と考えたわけです。

稲盛　それは偉いな。

山中　そこからいろいろ追究していってわかったのが、内皮細胞が、血管を緩める物質を作っているという大発見だったのです。実験のために摘出した血管を傷つけたときに、その内皮細胞を取り除いてしまっていたんだと。つまり外から入れる薬は血管を直接広げていたのではなくて、内皮を刺激してそこから血管を広げる物質を出していた。血管の筋肉に直接その薬がかかると血管は逆に収縮するんだと。これでノーベル賞を受賞されています。

稲盛　大発見というのは、案外、そんなもんかもしれません（笑）。

●京都賞30周年

山中　失敗を繰り返し、予想外の実験結果が出ても、意外な発見につながるという面白さがあります。私がｉＰＳ細胞にたどり着いた場合もそうでした。そしてｉＰＳ細胞のおかげで京都賞もいただきました。京都賞は２０１４年で30周年と伺いましたが、30年前というと京セラはすでにかなり大きな企業になっていたのですか。

稲盛　いえ、当時はまだ中堅企業でした。年間売上高でいうとまだ３２００億円ぐらいでしょうか。１９５９年に27歳で京セラを立ち上げてからちょうど四半世紀を迎えた年で、会社は順調に業績をあげ、株式上場して優良企業に発展していました。

山中　そうでしたか。

稲盛　直接のきっかけとなったのは、１９８１年にファインセラミックスの研究開発者として私自身がいただいた「伴記念賞《ばん》」の受賞でした。伴記念賞は東京理科大学教授の故・伴五紀《いつき》先生が技術開発で貢献した人物を顕彰するために創設された賞です。その伴先生から、ファインセラミック技術の発展に寄与したという理由で賞を差し上げたいと連絡をいただきました。当時は賞などいただく機会も多くなかったものですから、喜んで授賞式に伺いました。しかし、そこで伴先生にお目にかかると、急に自分が恥ずかしくなってしまいました。伴記念賞は、伴先生がご自身の研究における特許使用料を投じて、個人として顕彰事業をしておられたのです。大学教授の先生が、素晴らしい技術開発をした人を讃えたいという思いで設けた賞を、上場企業の社長をしている私が嬉々としていただいている。そんな自分が恥ずかしく申し訳ない気持ちがわいてきたのです。自分はいただく側ではなく、差し上げる側にまわるべきだと。

山中　それで京都賞を設立された。

稲盛　はい。当時から親しくしていただいていた京大の先生方にも相談しているうちに、どうせやるならノーベル賞に匹敵するような国際的な賞にしたいと思いました。私が個人で持っていた京セラの株式と現金を合わせた約200億円（現正味財産850億円）相当を拠出し稲盛財団をつくりました。

山中　京都賞というネーミングにされたのは？

稲盛　京大の先生方のご意見もあり「稲盛賞」という名称を考えていたのですが、国際賞としてわかりやすい名称で、地元に貢献できることから、「京都賞」にしました。京都賞には2つの大きな特色があります。「先端技術部門」「基礎科学部門」「思想・芸術部門」の3部門を設けていますが、このうち先端技術部門は優れた応用技術を顕彰するものです。ノーベル賞には応用技術を顕彰する賞はありません。また思想・芸術部門は思想や芸術などで社会に大きく貢献した人を顕彰するもので、私がどうしても作りたかった部門です。なぜなら、人類の未来は科学の発展と人間の精神的深化のバランスがとれて初めて安定したものになると確信しているからです。物事には陽と陰、明と暗のように、必ずプラスとマイナスという二面的な世界が広がっています。この両面がバランスよく解明され、発展してこそトータルな安定が果たせるはずで、一方の面だけの発展・肥大化は宇宙のバランスを崩し、人類の不幸につながっていくと思います。だからこそ、科学技術の発展とともに、人間の精神的な深化に関する活動も顕彰したいと考えたのです。今では、この部門があることが京都賞の大きな特色だとまで言われるようになりました。

山中　賞をいただく身としては、京都賞には格別な重みがあります。京都賞をいただいたときに感じたのは、何かほかの賞とは違う責任感というか。それ以前にもいくつか賞をいただいていましたが、どれも科学技術・発見に対しての受賞でした。もちろん京都賞も科学技術に対する評価なのでしょうが、それ以上にその背景にある精神的なものを重んじる賞だということで、ほんとうに私がいただいてもいいのかなと。

稲盛　山中先生は、もちろん人格的にも申し分ないと思っています。2010年の授賞式でお会いしたとき、お若い先生なので驚きましたが、お話ししてみて素晴らしいお人柄だと感じました。これまでに96名と1団体（当時）の方々を受賞者としてお迎えいたしました。日本人では、映画監督の黒澤明さん、文楽の人間国宝、初代・吉田玉男さん、歌舞伎俳優の5代目・坂東玉三郎さんなども受賞されました。また、先端技術部門、基礎科学部門で、山中先生をはじめ6人（当時）の方が京都賞の受賞後にノーベル賞を受賞されています。これは大変に嬉しいことです。30年間、無我夢中でやってきましたが、この顕彰事業を続けてきて本当に良かったと思っています。

第1章

原点は父親の工場

悪いことは「自分のせい」、
良いことは「おかげさま」と教えた母。

松風工業で実験に明け暮れた頃の稲盛氏

●技術者だった父への憧れ

稲盛　そもそも山中さんが研究者の道を目指したのは、どういう思いからだったんですか。

山中　私の場合は初めから研究者の道を目指したのではなくて、本当になりたかったのは臨床医だったんです。実際に神戸大学の医学部を卒業しまして、2年間は研修医として国立大阪病院の整形外科で勤務していました。やってみると自分は整形外科医にはつくづく向かないと感じて、途中から基礎研究に転向したんです。もともと医者になろうと思ったのは、父親にすすめられたからなんです。

稲盛　お父様もお医者さんをされていたのですか。

山中　父親は東大阪でミシンの部品を作る小さな町工場を経営していました。もともとは祖父が大阪の京橋という町で山中製作所というミシンの部品を作る会社を経営していたそうです。当時の写真を1枚だけ見たことがありますが、かなり大きな会社でそれなりに成功していたようなんですが、その祖父が48歳で亡くなるんですね。

稲盛　ずいぶん早くに亡くなられたんですね。

山中　当時まだ父は同志社大学の工学部の学生で、若かったし戦後まもなくだったこともあったのだろうと思いますが、山中製作所はなくなるんです。後になって、父がルーパーというミシンの中に入っている部品を作る工場を自分でつくりまして、私が物心ついたときはもうその東大阪の町工場の隣にあった自宅に住んでいました。

稲盛　東大阪ですか、子供のときから日本のものづくりのど真ん中で育ったわけですね。

山中　そうですね。東大阪は技術力の高いさまざまな町工場が密集しています。工場といってもパートさん含めて10人ぐらいの小さな工場でしたから、母親も一緒に手伝っていました。私は姉と2人姉弟なのですが、基本的にはほったらかしで鍵っ子のような感じで育ちました。分解したり、実験したりするのが大好きな子供にとっては恵まれた環境でした。

稲盛　そうでしたか。

山中　はい。虫を捕るよりラジオや時計を分解しては元に戻すほうが楽しかった。とは言っても、けっきょく元通りに戻せなくて叱られるんですが（笑）。実験も好きで、一度なんか子供用の学習雑誌の付録についてきたアルコールランプの実験をしていて火燵《こたつ》を火の海にしてこっぴどく叱られたこともありました。

稲盛　それでもまたやりたくなる。そこはやはり血筋なんでしょうね。

山中　そう思います。私は父親をとても尊敬していました。父は経営者でもあったわけですが、技術者としての姿のほうが目に焼きついているんです。ミシンの小さな部品なんですが、自分で図面を引き、鑢《やすり》で削って、最後まで自分でいろいろ工夫しながら作っている。夜中でも何か思いつくと、すぐに隣の工場に行って設計図を描き始めていました。祖父には会ったことはありませんが、自分にはそういう父や祖父の血が流れているのをすごく感じます。医者から基礎研究の道に行きましたが、いまでも自分はサイエンティストというよりはエンジニアという感覚のほうが強いんです。

稲盛　お父様は何年生まれですか。

山中　1930年の生まれです。

稲盛　私は1932年ですから2歳違いです。敗戦後の日本のものづくりの現場ですね。よくわかります。それで、そのお父様が医者になりなさいとおっしゃったんですね。

山中　いつ頃からだったか、お前は経営者に向かない、自分の後を継がなくていいから医者になれと言うようになったんです。経営者としてずいぶん苦労していたので、息子にはやらせたくないと思ったのかもしれません。もうひとつは、自分が病気をしていたこともあって、医者という職業を尊敬していたんだと思います。

稲盛　どういうご病気だったんですか。

山中　私が高校生のときに工場で怪我をして、そのときの輸血がもとで肝炎になりまして、そこから肝硬変になって私が研修医のときに58歳で亡くなりました。

稲盛　大きな怪我だったんですか。

山中　父が鑢で削っていた金属の破片が飛んで、ほんとに1ミリぐらいの小さな破片が父のズボンを貫通したんです。チクッとしたので見るとズボンに穴が開いていて、めくってみるとちょっとだけ血がついている。その頃は経営状態が良かった頃で奈良にあるけっこう大きな家に住んでいたので、1時間かけて自宅に帰ってきました。ちょうどその日は私しかいなかったんですが、夜中に40度の熱を出して、慌てて病院に連れていったんです。レントゲンで見るとたしかに足の骨にチョンと刺さっているものが見える。すぐに取りましょうということで手術室に入ったんですが、10時間ぐらいかかってしまって。そのときの大量輸血がもとで肝炎になってしまいました。

稲盛　それは大変なことになりましたね。

山中　そこから肝硬変で亡くなるまでの10年間、私と父の繋がりというのは、どんどん病気の状態が悪くなっていく父親をずっとそばで見ているしかないという。今だったら肝移植とかインターフェロンという薬もありますから、もっと長生きさせられてたんじゃないかとすごく思います。

稲盛　そういう思いがあって臨床医という道を選ばれたわけですね。実際にお医者さんになられたときは、お父さんはさぞかし喜ばれたでしょう。

山中　そう思います。医学部の頃はかなり父の病状も悪くて肝臓も大きく腫れていたんです。通常の人は肝臓の前と後ろに肋骨があって触診しても触れないのに、父は腫れてるからちゃんと触れる。練習台になるなんて言いながら、点滴とか注射とか父にしていました。自分の息子にやってもらうのがたぶん嬉しかったんじゃないかと思います。

稲盛　きっと、そうだと思います。

●父親から受け継いだものづくりの魂

稲盛　あらためてお話を伺っていると、いろいろ共通点がありますね。私は鹿児島市の薬師町《やくしちょう》（現・城西《じょうせい》）というところで生まれましたが、私の父親も小さな印刷工場を営んでいました。私にとってのものづくりの原点も、この小さな町工場で働く父の姿なんです。父は１９０７年生まれですから、おそらく山中さんのおじい様と同年代になるのではないかと思います。

山中　そうですね。祖父はその頃だろうと思います。

稲盛　父は小学校しか出ていませんが、印刷屋の丁稚《でっち》をしているときに出入りの紙問屋に技術とまじめさを見込まれ、中古の印刷機を譲ってもらい、私が生まれる頃には独立して「稲盛調進堂」という屋号で印刷屋を開業していました。商才としては、むしろ母親のほうがあったかもしれません。父は絵に描いたような実直な男で、腕はいいのに欲がなく、何事においても慎重。手広くより手堅くを信条とし、借金をとにかく嫌いました。朝から晩までよく働き、職人気質《かたぎ》で徹夜してでも納期は必ず守っていました。技術者としてそんな父の背中から学んだことはとても大きかったと思います。

山中　それは恵まれた環境ですね。

稲盛　今から思うと非常に器用な父でした。工場ですから一日中印刷機械が動いているわけですが、その横に紙袋を作る自動製袋《せいたい》機といったようなものがありました。回転するローラーがついたかなり長さのある機械で、こちらから薄い紙を入れると紐がベルト代わりになって滑りながら紙を送って、袋になって出てくる。非常に複雑なメカニズムの機械でした。昭和の初めの頃ですから新しい機械だったと思いますが、ものの見事に使いこなしていました。子供の頃から工場の中を走り回っていたので、そういう父の姿をずっと見て育っているんです。

山中　工場の中というのは、子供にとって非常に心躍る場所なんですね。うちはミシン部品を作る工場でしたから、いろんな種類の工具が並んでいる。よくそれを黙って持ち出して自宅で時計やラジオを分解したり作ったりしていました。それと、今ではちょっと考えられないですが、あの頃の町工場には危険な薬品が平気で置いてあったり。

稲盛　そうです。今から考えるとけっこう危ない。私も自動製袋機から伸びる平たいベルトがクルクルと動いているのを見るのが好きで、よく見ていましたが、一歩間違えると危険な機械でした。平たいベルトが回って、下のほうで回っているやつを上に持ってきて、上のほうで滑車を回してシャフトがガーと回る。そこからまたベルトが下りて下の機械を回すのが、面白くてね。モーターの上はあったかいものだから、冬は乗っかっていました(笑)。当時は機械にカバーもなにもしてないですからね、巻き込まれたら大怪我だったと思います。

山中　昭和初期の印刷機械というのはどういうものだったんですか。まだ職人さんがひとつひとつ手で活字を植字して印刷していく方法ですか。

稲盛　そうです。鉛で作られた活字を並べて植字する活版印刷ですね。父は植字の技術も非常に高かったと思います。いろいろな機械を器用に使いこなして、壊れると自分で修理もしていました。そういう父親を見ていたせいか、大学の専攻は有機化学だったのですが、機械工学も好きなので勉強していました。そのおかげで機械の製図も書けるようになり、京セラを設立してから非常に役立ちました。

山中　というと、ご自分で機械を作られたんですか。

稲盛　ええ。新しいセラミック製品を製造するのに、当時のお金で何十万円もする製造機械が必要でした。そんな大金はありませんから、自分で設計して作りました。

山中　それはすごいですね。

稲盛　そういう意味では器用だった父親の血を引いて、非常に良かったなと思います。

山中　私の父もそうでしたが、昔の日本人はなんでも自分で工夫して作っていたんでしょうね。子供の頃からそういう大人の姿にすごく憧れを持っていました。私自身は今は自分の手で実験することはなくなりましたが、今でも、ほんとうはなんでも自分で作りたいし、やりたいんです。

稲盛　ものづくりの面白さですね。私は製品には作った人の心が表れると思っています。粗雑な人が作ったものは粗雑なものに、繊細な人が作ったものは繊細なものになる。それを教えてくれたのも仕事をする父親の姿だったわけですが、セラミックスの研究開発をしているとき、私はよく「製品の語りかける声に耳を傾けろ」と部下に言っていました。それぐらい集中した取り組みで製品を作り上げなければいい製品はできないからです。そうした勤勉さと繊細さは、まさに父親ゆずりでした。

●父の慎重さと母の大胆さをもらった

山中　父にすすめられて医者の道を選んだと言いましたが、そこに迷いがなかったのは、経営者としての父の苦労を子供の頃から見て育って、父の言葉通り、たしかに自分は経営者には向いていないと確信したからなんです（笑）。会社経営というのは、いくら自分が頑張ったとしても、社会の状況とか取引先の状況によって、いくらでも左右される。実際、うちはそれによって住む家もころころ変わったんですね。生まれたときは工場の隣にある自宅でしたが、小学校の頃には奈良の住宅地のわりと大きな家に引っ越して、大学に入る頃には経営状況が一気に悪くなって工場の2階の6畳一間に住むことになったり。

稲盛　たしかに会社経営というのは、まじめに一生懸命働けばうまくいくかというと、必ずしもそうはいかない難しさがあります。

山中　でも稲盛さんは、京セラの場合は設立からずっと快進撃を続けてこられた。石油ショックやサブプライムなど大きな経済危機が繰り返しあっても、一度も赤字決算を出されたことがないそうですが、そこにもお父様からの影響はあるんでしょうか。

稲盛　経営者としては父親からと母親からと、それぞれのいいところを受け継いでいるんだと思います。うちの父親は慎重のうえにも慎重で、石橋を叩いても渡らない性格でした。子供の頃からお金がなかったことで苦労していますから、とにかく借金というものを嫌っていました。手広くより手堅く、事業に投資するよりお金を貯めたほうが安全だと考える人でした。なので、私が京セラを設立して10年後に鹿児島県の川内《せんだい》（現・薩摩川内市）に工場をつくることになったときも大変でした。

工場立ち上げのために鹿児島の実家で寝泊まりして、お袋の作る朝御飯を食べて現場に通っていたんですが、その間、父親はハラハラしっぱなし。どんな工場をつくるんだというので設計図を広げて見せると、もうひっくり返りそうになってしまって。「お前、借金までしてこんな大きな工場を……」と毎日ぶつぶつ言っていました。

山中　創業されてから次々と事業を拡大させてこられましたが、お父様の慎重さも受け継いでおられるということですか。

稲盛　そう思います。私が無借金経営を信条としてきたのも父の影響です。京セラが名実ともに無借金経営になったのは１９７６年でしたが、石油ショックによる大不況を乗り越えて、３月期決算において売り上げ、税引後利益とも過去最高の数字をたたき出した年でした。無借金経営というのは、多くの経営者にとっての夢ではないかと思いますが、それはやっぱり父親の背中を見てきたからなんです。

山中　ものを大事にして、無駄遣いをしないのは本当に素晴らしいと思いますね。

稲盛　そうですね。京セラを創業してから、父親には母親と一緒においしいものでも食べに行ってほしい、と思い、仕送りをずっと続けていたのですが、父は使わなかったようです。１９９４年に亡くなったんですが、いの一番に、実家の近所にある鹿児島銀行の女子行員が弔問に来てくれて「稲盛のおじいちゃんには、大変お世話になりました」と。聞いてみると、私が仕送りしたお金を、父はそっくり全部銀行に預け、そのまま遺産になりました（笑）。私は受け取らず、他のきょうだい6人で平等に分けたと聞いています。

山中　最後までご自分の生き方を貫かれたんですね。

稲盛　ただ父の慎重さは、敗戦によって裏目に出てしまいました。終戦の1945年、鹿児島市は3月から8月までの間に計8回の激しい空襲に襲われて市街地の93%が焼け野原になったんです。それまでなんとか残っていたうちの家も8月6日の最後の大空襲で全焼しました。

山中　8月6日というと終戦のわずか9日前ですね。

稲盛　沖縄に米軍が上陸して次は鹿児島だと言われていましたし、特攻機が飛び立つ特攻基地が鹿児島にあったので、米軍の鹿児島に対する攻撃は他の地方都市と比較にならない激しさだったそうです。幸い4月には鹿児島市郊外の小山田《こやまだ》というところに疎開していたので家族は全員無事でした。ただ、父親はショックで抜け殻のようになってしまった。戦争に負けて、家も工場も生活の基盤すべてを失い、気力まで失ってしまって。お酒は飲めないので、昼間からぼーっとしていました。母親が借金して新しい印刷機を買って印刷所を再興しましょうと言っても、まったく腰を上げなかった。借金なんかして失敗したら、首を括《くく》らなければならなくなると。

山中　そういうときの女性、とくに母親は強いと言われますが。

稲盛　強いですね。子供を守らねばという本能もあるんでしょうか。そのうえ私の母親には、商才もあったんだと思いますね。戦争中も、いよいよ空襲が激しくなってくると疎開のために近所の土地や家が売りに出されました。なかにはかなりいい場所にある土地や家を買ってくれないかと話がくる。ほとんど捨て値です。母親は何度も父親に買いましょうよと持ちかけていました。貯金は半分残して、あとの半分で土地や家を買っておけば、万が一のときはどっちかが助かるからと。

山中　リスク分散しておこうと。

稲盛　しかし、何度言われても父は買おうとしませんでした。薄い儲けの中からこつこつ貯めてきたお金がかなりあったのに「物なんか当てにならん。金は利子がつくが、土地も家も増えはせん」と言ってですね。戦争が終わってみたらそれが見事にひっくり返るわけです。インフレになって、新円切り替えが行われて、後生大事に持っていた金が紙くず同然になった。母親にしてみたら「だからあんなに言ったじゃありませんか」と（笑）。

山中　お母様には先見の明、投資センスがあったんですね。

稲盛　私は7人きょうだいの2番目で、終戦を迎えたのが13歳です。まだ下に小さい弟や妹がたくさんいましたから、母は小さな体に鞭打って必死で家族を守ってくれました。父の工場が繁盛していたときに買っておいた着物を田舎に持っていって食料と換えてくる。売る着物がなくなると、今度は闇市で着物を仕入れて、それを食料と交換し、それをまた闇市に運んで着物と交換する。そういう行商を2年ほど続けて私たちを学校にやってくれました。毎日お弁当を持たせて、私と兄が学校に向かうのを、田んぼの畦道《あぜみち》に立って見送ってくれて。もちろん学校に行きながら、私たち子供も生きるためにできることは何でもしました。まずやったのが当時人気のあった塩です。父と塩を作り、売り歩きました。

稲盛氏は父から慎重さ、母から大胆さを受け継いだという

●事業の原点にあるのは敗戦後の闇市

山中　どういう方法で塩を作っていたんですか。

稲盛　海岸にドラム缶を半分に切ったやつをいくつも並べて、そこに海水を入れて、難破した漁船を解体した木材を使って火で炊くと即製の塩ができるんです。それを背負って山奥の田舎まで持っていって米や食料と交換するんですが、この塩がまたえらい重たい。13歳でまだ体も小さかったし、食料不足で栄養も足りていませんから、塩の重さでひっくり返りそうになる。それから父と焼酎を作って売ることもしました。床下を掘って芋焼酎を密造するんです。できあがった焼酎は水枕に入れて、腰の前と後ろに巻きつけて。腹のところで焼酎がたぷたぷして重いし歩きにくいんですが、闇市に持っていくと、これが面白いように売れました。

山中　敗戦後の話を聞くと、何かものすごい活力というか人間のたくましさを感じます。

稲盛　生きるのに誰もが必死ですからね。とにかく何にもないんですから。住む家も働く場所も食べる物も着る物もない。あるのは「何としてでも生きよう」というバイタリティだけです。当時の闇市には戦争孤児と呼ばれた親きょうだいを亡くした子供がたくさんいましたが、靴磨きをしたり新聞売りをしたり、時にはかっぱらいなんかもやりながら、みんな自分の力で生きていました。そんな中で私も商売の基本を学んだように思います。

山中　それはぜひお聞きしたいですね。

稲盛　私が高校生になってからですが、父が内職で作った紙袋を家族で売るという仕事を始めたんです。といっても戦前あった自動製袋機は焼けてしまってないので、すべて父の「手裁ち」です。畳を切るような大きな包丁を使って、一枚の大きな紙から何種類かの大きさの紙を取るんですが、できるだけ無駄が出ないように各種うまく組み合わせてぎりぎりに取る、その器用さは感心するほどでした。それを大きな木の定規を当てながら切っていく、糊しろの部分は特殊なトンカチで叩いて切るんですが、機械で切ったような見事さでした。それを母親が糊貼りして袋にして、私が自転車の荷台に大量に載せて、駄菓子屋などに売り歩くんです。

山中　売れたのですか。

稲盛　最初は勝手がわからずやみくもに売り歩いたのですが、もっと効率よく売るにはどうしたらいいかと考えて、市内を南北7つのブロックに分けて、曜日を決めて回るようにしたら、注文が殺到するようになった。

山中　なるほど。

稲盛　そのうち評判を聞きつけた菓子の卸問屋をやっている人から声をかけられたんです。うちに置いておけば、菓子を買うついでに紙袋も買っていくから売れるぞと持ちかけられて、ここで初めて卸問屋という存在を知るんですね。これはいいところを見つけたと思い、ほかの問屋を自分で探して、それまでの小売業者に加えて3軒の問屋と取引することになったんです。私も家族も大忙しで、人を雇い、新たに自転車も購入して。商売としては大繁盛でした。

山中　そのときはまだ、高校生ですよね。すごいです。

稲盛　ところが、じつはこのときの痛い体験が私の事業の原点になるんです。というのも、袋はじつによく売れたのですが、私は「まけといて」と言われると採算度外視でついまけてしまっていた。きちんと原価や採算を考えていたら利益は違っていたと、今でも思うことがあるんです。京セラフィロソフィのひとつに「値決めは経営」という言葉がありますが、このときの体験がベースにあるのかもしれません。

山中　「値決めは経営」というのは、どういう意味ですか。

稲盛　商品の価格を決めるとき、経営者が積極的であれば積極的な価格になるし、慎重であれば保守的な価格になります。値決めの目標はお客様が喜んで買ってくださる最高の価格を見いだすことなんです。つまり値決めは経営者の能力と経営哲学の反映なんですね。

山中　なるほど。勉強になります。

●悪いことは「自分のせい」、良いことは「おかげさま」と教えた母

稲盛　ところで山中さんはストックホルムで行われたノーベル賞の授賞式にお母様をお連れしたそうですね。当時、新聞でそのことを知り、とても微笑ましく思いました。

山中　はい。まさかこの年になって80歳を超えた母親と長い旅行ができるとは思ってなかったので、とても嬉しかったです。12月のストックホルムは氷点下で、おまけに着いた日は大雪だったので、母の体調が少し心配だったのですが。

稲盛　ストックホルムにはどのぐらいいらしたんですか。

山中　2週間弱です。授賞式前後の1週間は「ノーベルウイーク」と呼ばれ、ストックホルムの各地で、祝賀行事や受賞記念講演などさまざまな催しが行われます。

授賞式当日は式の後に晩餐会が行われます。ストックホルムに着いて母は体調を整えるためにホテルで過ごしていたんですが、授賞式と晩餐会には母が父の形見の腕時計をして最後まで参加してくれました。すべてが素晴らしく感謝の思いしかなかった10日間でしたが、晩餐会が終わった後に母親から「本当におめでとう」と言ってもらえたのが、嬉しかったですね。

稲盛 それは何よりの親孝行になりましたね。お父様のご病気もあってご苦労も多かったと思いますが、子供の頃はどんなお母様でしたか。

山中 父の工場をずっと手伝っていましたから、私と姉は基本的にほったらかしというか、うるさいことはあまり言われずに育ちました。ただ高校生のとき、母について一番の思い出というか、この人はすごいなと思ったことがありました。

稲盛 それは、どんなことでしたか。

山中 私は大阪教育大学附属の中高一貫校で6年間柔道部でした。高校生のときに教育大から柔道三段の学生さんが教育実習でこられたんです。当たり前なんですが、組み合うといとも簡単に投げられてしまう。それが悔しくて、ちゃんと受け身を取らずに最後まで粘ったら、変な手のつき方をしてしまって、腕がぼきっと折れてしまった。教育実習の先生にしたらこれはえらいことをしたと。実習に行っていきなり生徒の骨を折ってしまった。その晩その先生から家に電話がかかってきたんです。電話をとったのは母親で、そばで聞いていると受話器の向こうで先生が平謝りしているのがわかるんですね。母親が何て言うだろうかと、ちょっとぐらい何か言うかなと思って聞いていたんです。

稲盛　ほお。

山中　そうしたら母親が「ご指導ありがとうございます。うちの子が受け身をせずに手をついてしまい、先生にご迷惑をかけてしまって申し訳ございませんでした」と言って。

稲盛　素晴らしいお母さんですね。

山中　いや、子供ながらにうちの母親はすごい人だなあと。そういうことを言葉にして言われたことはないんですが、そのときに、何か悪いことがあったら「身から出たサビ」、良いことがあったら「おかげさま」なんだと、身をもって知ったというか。それ以来、自分でもそうありたいと心がけてはいるんですが、これがなかなか。

稲盛　できることではありませんね。

山中　だから完全に自戒を込めてなんですけれども、学生や若手の研究者たちによく言っているのは、研究でいい成果が出たときは山中先生のおかげだと思いなさいと（笑）。うまいこといかなかったら自分の身から出たサビだと思いなさいと。

稲盛　なるほど。

山中　冗談半分に言っているんですが、実は結構本気で言っていて。自分が学生に言っているからには、お前が一番気をつけないといけないんだぞと。

稲盛　いや、それを実践するのは大変なことです。それを知っていることと、それが身についていることは違いますから。母親というのは、生きていくうえで大事なことを言葉ではなく、自らの態度やふるまいで示してくれるんでしょうね。私も長年、経営者として会社をリードしてきましたが、その原点は、どうも、小学生時代にまで遡ると思うんです。

山中　どんなお子さんだったのですか？

●良きにつけ、悪しきにつけ、「お母さん」

稲盛　幼い頃の私は、内弁慶で泣き虫な甘えん坊でした。小学校に上がる前までは、母親が台所に行けば台所に、便所に行けば便所にと、母親の割烹着のすそをつかんでどこにでもついていく。母親は子育てしながら父親の印刷工場を手伝っていましたから「この子は困った子や」と、愚痴をこぼしていたようです。じつは、小学校の通学も最初は一人で行けませんでした。それでも小学校に入り、学年が上がっていくにつれて、小集団のガキ大将になっていきました。学校の勉強はあまりしないで、近所の子供たち7、8人と、家の前の川で泳いだり、河原で戦争ごっこをしたり、暇さえあれば遊んでいたものです。

山中　その頃からリーダーシップを発揮しておられたんですね。

稲盛　戦争ごっこで遊ぶときは、自分の頭の中に、全部シナリオができている。仲間を敵と味方に分け、「お前、今日は敵情を探る斥候《せっこう》役だ。お前は伝令役だ」というようにあらかじめ配役を決め、差配していました。では、なぜ仲間たちはガキ大将の私の言うことをよく聞いてくれたのか。ここでも母親の存在が一役買います。学校から帰ると母親は必ず、おやつを用意してくれていました。それも7、8人も食べられるような量のさつまいもをふかしておいてくれたり、柿をざるいっぱいに用意しておいてくれたり。「今日はおやつがあるから、うちで食べよう」なんて仲間に声をかけると、みんな腹を空かせてるから帰りにうちに寄るわけです。そういうとき、私は必ず最初に子分に食べさせてから、残ったものを自分が食べていました。誰に教わったわけでもありませんが、無意識のうちにそうしていました。まず、仲間によくしてあげようと思わなければ、誰もついてこないのは、大人でも子供でも一緒です。

山中　なるほど。たしかにそうです。

稲盛　子供の世界でも誰か一人がリーダーシップをとると、最初はみんなでまとまって遊びますが、やがて1人抜け、2人抜けし、そのグループが瓦解《がかい》することはよくあります。仲間をまとめ、グループの求心力を維持するには、どうすればいいのか。やっぱりそこでリーダーの心根、立ち居振る舞いが大事になってくる。リーダーの人間性がよくなければ、やがて誰もついてこなくなることを、ガキ大将をやりながら学んでいたのだと思います。社会に出て、技術者として経営者として部下をまとめる際にも、このガキ大将時代の経験が生きてきたと思います。

山中　でもそこには、毎日たくさんのおやつを用意しておいてくれたお母様の存在があったわけですね。

稲盛　また、小学校時代には、喧嘩をして私が泣いて帰ってくると、母親が「やりかえしてきなさい！」と庭箒《ほうき》を渡すような気丈さもありました。

山中　戦地で兵隊さんが亡くなるときに「お母さん」と言って死んでいった人が多

かったと聞いたことがありますが、やはり母親という存在は大きいですね。

稲盛　私は82歳になりますが、じつはここ数年、毎日ふとしたことから「お母さん」と口にしていることがあるんです。

山中　お母様を思い出されてですか？

稲盛　いや、そうではなくて。自分ではまったく意識してないのに「お母さん」って言っているんです（笑）。最初はちょうどＪＡＬの会長を引き受けて必死にやっていた時期だったので、ストレスも大変なものでしたし、母親に何かを頼んでいるのだろうかと思っていたんです。でもＪＡＬが再生して取締役を退任した今でも、一日に何度も「お母さん」と口にしているんです。

山中　そうなんですか。

稲盛　なぜ母親なのか、よくわからないのです。最近では、しんどいときも「お母さん」、嬉しいときにも「お母さん」。良きにつけ、悪しきにつけ、「お母さん」という言葉が出てきます。ここで言う「お母さん」というのは、どうも母親というより、自然、宇宙、全知全能の神様のような存在を指しているような気がします。「お母さん、ありがとう」は、「神様、ありがとう」と同じ意味合いだと感じるんです。そのぐらい私の心の中では母親の存在が大きなポジションを占めているんでしようね。そんな自分を冷静なもう一人の自分が、「年いってるのに、かわいいなあ」と見ているのですが（笑）。

第2章

挫折と回り道を繰り返した人生

人生の節目ごとに失敗、
そのたびに引き上げてくれる人が現れた。

2012年、スウェーデン国王主催の
ノーベル賞晩餐会に向かう山中夫妻

●臨床医としての挫折、研究環境の違いでうつに

稲盛　基礎研究に移られるまで、整形外科のお医者さんは何年ぐらいされていたんですか。

山中　基本的には研修医をしていた2年間です。そこから基礎研究に転向して大阪市立大学大学院に入って薬理学を専攻したのですが、大学院の4年間は、病院の当直など非常勤の医師として患者さんを診ていました。

稲盛　さきほど基礎研究に転向されたのは整形外科医が向いていなかったからだとおっしゃってましたが。

山中　転向した理由はいくつかあるんですが、その一つは手術がうまくできなかったことなんです。うまくできなかったというのは、自分では下手ではないと思っているからなんですが。

稲盛　それはそうでしょう。細胞レベルの実験をされているわけですからね。

山中　自分でもそう思うんですが、うまい人なら20分で終わる簡単な手術に2時間もかかってしまい、指導医や看護師さんたち、局所麻酔で意識のあった患者さんに

まであきれられてしまいまして。ただ、その後に基礎医学研究でやったイヌやマウスの手術は、自分で言うのもなんですが、けっこううまくできたので、たぶん人間相手だと緊張してしまうんだと思います。

稲盛　そうかもしれませんね。それで自分には向いていないと……。

山中　そうですね。自分はほんとうに臨床医として人の役に立てるんだろうかと。研修期間は指導医がつくんですが、その指導医が非常に厳しい先生で、２年間ずっと「ジャマナカ」と呼ばれていました。「お前はほんまに邪魔やからジャマナカや」と言われて。

稲盛　それでは落ち込みますね。

山中　大学まで柔道部やラグビー部という上下関係の厳しい環境で鍛えられてきたので、厳しい人には慣れていたつもりなんですが、その指導医の先生は人生で見たこともないような厳しい方で、非常に恐ろしくて逃げ出したかったというのも、じつはあります。

稲盛　そこから、大学院で薬理学を専攻されたのは理由があるんですか。

山中　自分が臨床医に向いていないと同時に、臨床医学の限界も感じていたからです。研修医時代の２年間にいろんな患者さんと接していると、どんな名医であっても治せない病気が世の中にたくさんあることに気付くんですね。そんなことは当たり前のことなんでしょうが、実際に目の前で苦しんでいる患者さんたちと接すると。

稲盛　そうでしょうね。一般的に整形外科というと骨折とか怪我とか、治るほうのイメージがありますが、難しい病気の方もいらっしゃるんですか。

山中　私が最初に担当した患者さんが重症のリウマチの女性で、みるみるうちに全身の関節が変形していきました。枕元に女性の写真があったので「妹さんですか」と聞いたら、数年前の自分ですと答えられて驚きました。それと忘れられないのは膝に骨肉腫が見つかった男子高校生で、太ももから下を切断したのに、それでも再発の可能性はなくならなかった。目の前の患者さんの治療を必死で行っても力及ばず、亡くなられることもありましたが、時には治療が実を結び、ちぎれかかった指がちゃんとまた動いたりとか、そういう経験をしたときは、本当に医者になってよかった、自分が多少なりとも社会の役に立っていると感じる日々ではあったんです。たとえ、数年という短い間でも臨床医になったというのは誇りでした。しかし、いろんな患者さんと接するうちに、こういう病気をなんとか治す方法を探せないのかと。それなら基礎医学だろうと考えるようになったんです。父が亡くなったのはちょうどその時期なんです。

稲盛　人生の転機ですね。基礎研究にいかれてどうでしたか。

山中　もうこんな楽しい世界があるのかと。臨床医学の世界はきちんとしたマニュアルがあって、そのとおりにやらないといけないんですね。とくに手術は、ひとつひとつ教科書どおりに進めていく。それに対して基礎研究は、教科書を信じてはいけないという世界なんです。真っ白なカンバスに何を描いてもいい。自分でテーマを選び、仮説を立て、実験で確かめる。実験して予想外なことが起きても、それが新しい発見につながるかもしれない。

稲盛　研究の醍醐味ですね。技術開発においても、予想外の実験結果が新たな技術につながることはありますが……。

山中　そういう意味では、私自身の人生がそうなんです。私の好きな言葉が「人間万事塞翁《さいおう》が馬」という格言なんですが、振り返ってみてもそのとおりの人生だなあと。

稲盛　「人間万事塞翁が馬」というのは、幸せが不幸に、不幸が幸せにいつ転じるかわからないのだから、起きたことに一喜一憂しないでいい、という意味の中国の故事ですね。

山中　はい。臨床医の道で挫折して研究者になってからも、iPS細胞に出合うまでは研究テーマがころころ変わっていきました。大学院では血圧の研究をしていましたが、博士課程を修了した後、31歳でサンフランシスコにあるグラッドストーン研究所の博士研究員の職を得て、家族と一緒に3年間アメリカ留学しました。グラッドストーン研究所には心血管病の研究部門があります。グラッドストーンさんという不動産王が自宅のプールで心筋梗塞を起こして亡くなられ、子供がいなかったので生前からの遺志で、遺産をそっくり心臓病治療の研究に使ってほしいと。それで設立された研究所です。大学院で血圧の研究をしていた私は、そこで動脈硬化を調べようと考えていました。ところが、動脈硬化に重要だと思って調べていた遺伝子が、癌を作っていたことがわかったんです。

稲盛　仮説を超えた現象が起きたんですね。

山中　はい。そこでやめてしまう研究者の方もたくさんおられます。自分の研究テーマには関係がないと言って。私は予想外の結果に興味をもってしまって、今度は癌の研究を始めてしまうんです。まわりの研究者が動脈硬化の研究をしているなか、ひとり癌の研究をしていたわけです。ボスもそれを許してくれました。癌の研究をしていたらまた新しい遺伝子を見つけて、これは絶対に癌に重要な遺伝子に違いないと調べてみると、実はそれがES細胞と深い関わりをもっていることがわかりました。それで今度はES細胞の研究をやり始めて、それがiPS細胞の発見につながっていきます。

稲盛　お聞きしてみると、たしかに塞翁が馬ですね。そこからはiPS細胞の発見まで一気につながっていくんですか。

山中　それがアメリカから帰国してうつになりまして。研究者をやめる手前までいきました。

稲盛　うつ病ですか……。

山中　うつ病と診断されたわけではないのですが、自分で勝手にPADと名づけました。「ポスト・アメリカ・ディプレッション（アメリカ後うつ病）」の略です。今思うとアメリカの研究環境が素晴らしすぎて、帰国後の研究環境との落差にうまく対応できなかったんだと思います。

稲盛　なるほど。アメリカの研究所と日本の研究所の違いは、どういうところにあるんでしょうか。

山中　アメリカの研究所は分業化がすすんでいて研究者は研究だけしていればいいんですね。実験用のネズミの世話も専門のスタッフがいてサポート体制が万全です。ところが日本に帰ってきてからは、ネズミの世話も全部自分でしないといけなくなった。アメリカでしていたES細胞の研究を続けるために、研究用のネズミを3匹連れて帰ってきたのですが、1カ月経つと20匹に、半年経つと200匹と増えていって、研究をしているのかネズミの世話をしているのかわからない毎日になってしまって。

稲盛　それでは研究に集中するどころではないでしょうね。日本に帰国されてからも、ES細胞の研究は山中先生ひとりでされていたんですか。

山中　はい。帰国して大阪市立大学大学院の薬理学教室に助手として採用されたのですが、薬理学の研究室ですから、ほかの研究者の方たちは薬の開発につながる研究をされている。そのなかで、ひとりES細胞の研究をしていました。当時、ES細胞の研究は日本ではあまりメジャーではなく、医学応用できるか不透明な段階でした。

稲盛　そうすると、やっている研究について相談する相手もいないわけですね。

山中　ネズミの世話以上につらかったのはそこでした。自分の研究を理解してくれる人が周囲にほとんどいない。むしろ「その研究は面白いと思うけど、もうちょっと医学の役に立つことをしたほうがいいのではないか」とアドバイスを受けたこともありました。

稲盛　そうなんですか。

山中　その当時はマウスＥＳ細胞しか樹立されておらず、医学の役に立つかどうかわかっていない。自分がしている研究は本当に人の役に立つんだろうかと、だんだん気持ちが落ち込んでいき、そのうち朝になっても布団から起きられなくなってきて、もう研究をやめよう、下手でも手術をやっているほうがまだ人の役に立つかもしれないと、本当に研究をやめる直前までいきました。

稲盛　というと、研究をやめる直前に引き止める何かが起きたんですね。

山中　まさにそのタイミングで人間のＥＳ細胞が作られたというニュースが飛び込んできたんです。１９９８年の終わりに、ジェームズ・トムソン博士という米国のウィスコンシン大学の研究者が、マウスのＥＳ細胞と同じように高い増殖能力とさまざまな細胞に分化できる能力を持つヒトＥＳ細胞を樹立することに成功したというニュースが世界を驚かせました。そうなると、ＥＳ細胞は医学のためになるということで、突然大きな脚光を浴びるようになったんです。人間のＥＳ細胞を大量に増やし、神経細胞、心臓の細胞、膵臓《すいぞう》の細胞などさまざまな細胞を大量に作りだすことができれば、脊髄《せきずい》損傷や心不全、糖尿病の患者さんに、元気な神経細胞や心臓の細胞、インスリンを作る細胞を移植することによって病気を治せる可能性があります。再生医学に使えると期待されるようになったわけです。

稲盛　「医学に役立つ研究をしろ」と言われていたところに、追い風が吹いたわけですね。それも最先端の再生医療の切り札として期待されるようになった。

山中　かなり元気が戻ってきました。「そうか、ES細胞の研究は医学の役に立つんだ」と。さらにその頃、奈良先端科学技術大学院大学から求人が出ました。奈良先端大は1991年に設置された大学院だけの大学で、アメリカの研究所に劣らない素晴らしい研究環境を備えていて、研究費も国立大のなかでは多いほうでした。しかもその求人は「大学でノックアウトマウスを提供するシステムを作るとともに、研究室を主宰し関連する研究を行う」という、私にとって願ってもない内容でした。

稲盛　ノックアウトマウスというのは、特殊なネズミなんですか。

山中　2万個以上ある遺伝子のなかで狙った遺伝子だけをノックアウト、つまり破壊して働かないように作ったマウスのことです。かなり難しい技術で、私もアメリカ留学の最後でノックアウトマウスの作製に成功していたのですが、技術員の協力なしに自分ひとりで作れるのか不安はありました。でも、面接では「できます、大丈夫です」と。

稲盛　それはもう、わかります。私も京セラが小さかった頃、得意先のどんなに難しい注文にも「できます、作れます」と受けてから、会社に帰って苦労してましたから。

山中　これで落ちたら研究者をやめようという思いで応募したので、採用されてほんとうに嬉しかったです。37歳で初めて自分の研究室を持たせていただいて、3人の新入生と女性の技官1人がメンバーに入ってくれて、iPS細胞の研究は、ここからスタートしました。

●人生の節目ごとに失敗、そのたびに引き上げてくれる人が現れた

稲盛　臨床医の道で挫折され、留学から帰国しても苦労の連続。そのどちらも、人生の大きな転機につながっている。お話を伺いながら、なんだか私自身の人生が重なって見えてくるようでした。私の場合も、ファインセラミックスの研究に出合うまでの人生は、まるでツキに見放されたような人生だったからです。

山中　成功よりも失敗のほうが多かったということですか。

稲盛　それこそ失敗の連続でした。まず太平洋戦争の真っ只中、県で一番優秀な鹿児島一中という旧制中学を受験して失敗。今度は肺浸潤《しんじゅん》にかかります。当時は死の

病といわれていた肺結核の初期症状です。それでも何とか熱を押して鹿児島一中を再受験したのですが、またもや失敗。けっきょく私立の鹿児島中学を受験して進学しました。それがちょうど終戦の年です。

山中　肺の病を抱えながら、そこまでして中学を受験する思いはすごいですね。

稲盛　２度目の受験は私が望んだというより、担任だった土井先生の熱心なすすめだったのです。家まできてくれて両親に「和夫君をどうしても中学校へ入れてやってください」と。受験の願書も届けてくれて、受験当日も防空頭巾をかぶって家まで迎えにきてくれました。受験に失敗した後もあきらめず、私立の鹿児島中学を受験させてくれたのも土井先生なんです。

山中　それはすごいですね。

稲盛　その土井先生とは、とくに親しくしてもらっていたわけではないのですが。ありがたいことに、人生の節目節目に、必ずそうやって引き上げてくれる人が現れるんですね。その後も、とても大学にいけるような経済状態ではなかったんですが、辛島先生という高校の担任だった先生と私の兄が懸命に父親を説得してくれて。おかげで、なんとか大学に進むことができました。

山中　またしても引き上げてくれる人が現れるんですね。

稲盛　はい。和夫君を大学にいかせないのはもったいないと熱弁をふるってくださいました。ところが、ここでも受験に失敗するんです。第1志望の大阪大学医学部薬学科には合格せず、1浪して再受験したかったのですが、浪人することは兄からも反対され、詮方なく、新設されたばかりの鹿児島大学工学部応用化学科に入学しました。

山中　医学の道を目指されたのは、ご自身が肺浸潤になられたことと関係があるんですか。

稲盛　じつは私が肺浸潤になる以前に、同じ家に住んでいた父親の弟2人が肺結核で亡くなっているんです。当時は栄養摂取と安静のみで、2人の叔父は治療らしいこともなされず薬も与えられず、亡くなっていきました。自分も肺浸潤になって、その心細さや不安も経験している。自分がいい薬を作って苦しんでいる患者さんを助けてあげたいと思っていました。

山中　よくわかります。

稲盛　それでも鹿児島大学の4年間は、育英奨学金とアルバイトで学費を稼ぎながら、とにかく懸命に勉強しました。兄も妹たちも大学にはいかず働いて私を大学に入れてくれたので、就職したら親きょうだいに報いたいという思いがありましたから。ところが、就職活動でもまたツキに見放されます。朝鮮戦争終了後の就職難の中、有機化学を勉強していたのでそれを生かせる石油化学の道に進もうと、何社も受けるんですが、結果はすべて不採用。「大学は出たけれど」という映画が流行ったほど、よほどのコネがないかぎり、どの会社も大卒を採用してくれませんでした。自暴自棄になってヤクザになろうかと思いつめたこともありました。そんな私を見かねて教授が見つけてきてくれたのが、京都で焼き物を作っている松風工業という会社でした。教授の知り合いが技術部長をしていたことから、無理を言って頼み込んでくれたのです。

山中　どういう焼き物を作る会社なんですか。

稲盛　松風工業は高圧線の碍子《がいし》を作っていた会社でした。高圧線などで高電圧を絶縁する、白い巨大なソロバンのような形をした焼き物があるでしょう、あれが碍子です。

山中　大学で勉強されていた分野とはまったく違う分野になるわけですね。

稲盛　大学で専攻していた有機化学ではなく無機化学の分野です。もっとも地味な焼き物の世界ですから、正直に言うと嫌だったのですが、選択の余地はありませんでした。それどころか、夏に内定してから「うちは碍子メーカーだから無機化学を専攻した人間がほしい」と言われて、あわてて無機化学の教授に頼み込んで半年だけ粘土鉱物の研究をやらせてもらい、にわかづくりで卒論をまとめました。

●不運なら、運不運を忘れるほど仕事に熱中しろ

稲盛　ところが入社してみると、松風工業は戦後10年間ずっと赤字続きで、給料日がきても「1週間待ってくれ」と言われる状態でした。そのためボーナスを出せとか、昇給せよとか、毎年労働争議に明け暮れていました。「今度こそは」と前向きになっていた気持ちもあっという間にしぼみ、ボロボロの寮で、同期入社の4人と、寄るとさわると会社の悪口を言い合い、こんな会社は早くやめようと愚痴をこぼす毎日でした。そのうち1人欠け、2人欠けというように次々とやめていき、秋口には私と京大工学部を出た男の2人になっていました。2人ともやめたくても行くあてはない。そこで思いついたのが自衛隊の幹部候補生学校でした。

山中　自衛隊ですか。

稲盛　ちょうど幹部候補生の募集があったんです。同期が「一緒に行こうよ」と願書を取りにいきました。案の定2人とも合格通知がきて、さっそく入隊手続きに必

要な戸籍謄本を送ってもらうよう実家に頼みました。ところが、いくら催促しても実家から送られてこない。じつは兄が「和夫は先生の紹介でせっかく入れてもらったのに、1年もたたずにやめるとはけしからん」と送ってくれなかったのです。けっきょくその同期の男だけ幹部候補生の学校に行き、私ひとりが会社に残ってしまったのです。

山中　逃げ場はどこにもなくなって。

稲盛　不平を言う相手すらいなくなった。しかしそのことがツキのなかった人生を変える、大きな転機だったのです。行くあてもなく逃げ場も失った。そこでしょうがなく、研究に力をいれようと気持ちを切り替え、仕事に没頭したんです。

山中　そのときはどういうものを作っておられたんですか。

稲盛　会社からの指示は、高周波を絶縁する新しいセラミック材料の開発でした。テレビ放送の普及に伴って、テレビなどの電子機器が高周波を使うようになると、従来の絶縁物ではまったく絶縁ができなくなりました。エレクトロニクス時代を迎え、世界中が競って開発をしようとしていた時期で、それを設備もない京都の小さな会社でやろうとしていたのです。

初めは、みじめな現実から目をそらし現世の憂さを忘れてしまおうと考えて、研究に没頭したようなところがありました。ところが、研究に打ち込みだすとどんどん面白くなってくる。そのうち、寮と研究室を行き来する時間も惜しくなって、鍋釜を研究室に持ち込んで、泊まり込みで研究に没頭するようになりました。

山中　それで、その新しいセラミック材料の開発はできたんですか。

稲盛　はい。米国のゼネラル・エレクトリックが最初に開発して使い始めた材料を、まったく違った方法で合成しました。それがフォルステライトという材料です。翌年の1957年にはテレビの国内生産を始めた松下電器産業（現パナソニック）からの依頼で、フォルステライトを使ってブラウン管向けの絶縁体「U字ケルシマ」を製品化し、研究室の隣の工場でその生産も始めました。

研究に没頭する、研究がうまくいく、その成果を生かした新製品を作る、学会で発表する。そうしているうちに、みんなが認めてくれるようになり上司からも褒められる。それが励みにも喜びにもなって、ますます研究に没頭するから、さらにいい結果が生まれる。

山中　まさに人生が「好転」しだしたんですね。

稲盛　はい。経営者を対象とした勉強会や講演会で話をするとき、私はよく「不運なら、運不運を忘れるほど仕事に熱中してみなさい」と言うんですが、これはこのときの苦い体験からなんです。少なくともやるべきことに没頭している間は、不平不満といった雑念や妄想、ネガティブな思いは消えています。そういう混じりけのない、澄み切った心でやる仕事には、必ず結果がついてくるものです。

山中　なるほど。

稲盛　皇太子殿下（今上天皇）と美智子妃殿下のご成婚を前に、日本の家庭にテレビが急速に普及していきました。日本の高度成長の始まりで、テレビは洗濯機、冷蔵庫とともに「三種の神器」と呼ばれていました。U字ケルシマは増産につぐ増産でした。ところがその1958年の暮れ、松風工業を退社して京都セラミックという会社を作ることになったんです。

山中　何かきっかけはあったのですか。

稲盛　やめたのは技術者としてのプライドからでした。

当時、日立製作所から私が開発したセラミック材料で、アメリカで開発されたセラミック真空管を日立でも作りたいという試作注文が舞い込みました。喜んで引き受けたものの、日立の技術陣が要求する精度は非常に高く、何度試作品を届けても合格にならない。それが当時の技術部長の耳に入り、事情説明を求められたのです。その技術部長は電鉄会社出身で、セラミックスのことは何も知らない。そのせいか、説明してもわかってもらえず、最後には「もう君は研究にかかわらんでいい。うちには京大出の技術屋が何人もいる、彼らにやらせよう」と言ったのです。

技術者としてのプライドが傷つきました。「そうですか。それなら結構です。私は会社をやめさせてもらいます」と言いました。頭にカッと血が上って。すると部下たちまで「あなたがやめるなら私もやめます」と言い出し、かつて上司だった前の部長まで「せっかく君がここまで開発したセラミック技術がもったいない」と、自分の知人に話をして支援者を集め、資本金300万円で京セラという会社を作っていただいたんです。大卒の初任給が1万円程度の時代でした。

山中　人生の節目節目で引き上げてくれる人が現れるというのは、それだけ信頼というか、能力や技術だけではない人間性を評価されたんでしょうね。

稲盛　ほんとうに多くの方との出会いと支えがあって今日の京セラがあります。多くはすでに故人となられましたが、そのひとりに西枝一江さんという恩人がいます。西枝さんは資本金300万円の出資者のひとりですが、ご自分の家屋敷を担保に1千万円を借りてくださった。そのときに西枝さんから言われた言葉は今でも私の支えになっています。

山中　どんな言葉だったのですか。

稲盛　「稲盛さん、金に使われてはいかんよ」と。西枝さんは奥様に「この家屋敷を抵当にお金を借りてあげようと思う。会社が失敗すればこの家は取られるかもしれない」と言ったそうです。すると奥様は「いいじゃありませんか。男が男に惚れてそうなっても本望じゃありませんか」とおっしゃったというんです。

山中　すごい言葉ですね。

稲盛　社会に出てまだ2、3年の男にです。そこまで私を信用して作っていただいた会社ですから失敗するわけにはいかない。また、松風工業をやめて私についてきてくれた仲間たちの生活を守らなければならない。押し潰されそうな責任も感じていました。

当時の京セラは大した技術を持っていたわけではありません。ですから、ただもうみんなで必死に働きました。技術開発し、製造した製品を売ってくる。その一日一日、一歩一歩の地道な努力を積み重ねてきて、気がついたら、手が届かないと思っていた山に登っていた、というのが私の人生のありようなんです。

山中　一歩一歩、地道な努力の積み重ねでしかないというのは、非常によくわかります。私にも研究の支えとなっている言葉があって、それはグラッドストーン研究所に留学していたとき、ロバート・メーリー所長（当時）から教えられた「ＶＷ」

という言葉なんです。

稲盛　VWというのは何の略ですか。

山中　ビジョンとワークハードの略です。ある日、研究所に在籍するポスドクと呼ばれる20人ほどの博士研究員を集めて「研究者として成功する秘訣はVWだ。VWさえ実行すれば君たちは必ず成功する。研究者にとってだけでなく人生にとっても大事なのはVWだ。VWは魔法の言葉だ」と熱弁をふるわれたんです。ビジョンは長期的な目標、ワークハードは一生懸命に働くことですが、研究者としても人間としてもこの2つが大事で、どちらが欠けてもダメだと。

稲盛　とてもわかりやすい。

山中　はい。目的を明確にして一生懸命に努力する。シンプルですが実践するのは難しい。当時の私もワークハードでは誰にも負けない自信がありましたし、目の前の目標も見えていましたが、気がつくと長期的なビジョンが見えなくなっていました。それ以来この言葉を心にとめているんですが、お話を伺いながら、京セラの成功はまさに「VW」だと感じました。

稲盛　そうですね。よく会社経営を山登りにたとえて、いくつもの険しい山を越えてきた秘訣はあるのかと聞かれる方がありますが、私の場合は秘訣といったものはありません。ただもう一途に努力をして、高い頂にたどり着こうという思いだけでした。ただ、そういう強い気持ちを維持していくのには、そういう私を理解してくれて、気持ちの上で支援してくれる周りの人の存在がどうしても必要だったと思います。やはり、自分の強い意志を通していくのは、生半可なことではないからです。幸い、私の周囲にいる人たちが、私の意志と思いをよく理解してくれて協力してくれました。それがなかったらおそらく、自分ひとりで力んでも長続きしなかったろうと思います。

●妻という無二の戦友

山中　ビジョンとワークハードと言いましたが、たしかに自分ひとりでビジョンに向かって努力するのは限界があって、努力している自分を理解して支援してくれる人の存在があるから、続けていけるんでしょうね。私の場合も、家族の存在がつねに大きな支えになっていると思います。大きな転機となったアメリカ留学中も、一緒にきてくれた家族の存在が支えになり、非常に充実した研究生活を送れました。

稲盛　基礎研究に転向されたときは、もうご結婚されていたんですか。

山中　はい。妻は皮膚科医をしておりますが、もともと中学・高校の同級生で、高校1年のときから交際を始めて、それぞれ別の大学の医学部を卒業した年に結婚しました。私が基礎研究に転向して大学院にいるときに長女を妊娠したのですが、つわりがひどくて医師の仕事を中断して。その後に次女が生まれて、そのまま私のアメリカ留学についてきてくれたので7、8年は医者としてのキャリアを中断しているんです。

稲盛　それでは奥さんは、日本に帰国されてから、2人のお子さんの子育てをしながらお医者さんとして復帰されたんですか。

山中　はい。2年間の研修期間が終わって3年目に入ったところで中断しているので、ほとんど一から研修をやり直すような感じでした。医師になって2年間の研修期間はほとんど見習いのような期間で、3年目くらいからようやくだんだん一人前の責任ある立場になっていきます。さらに4、5年すると、皮膚科とか内科とか、それぞれ専門医になる試験を受けてやっと一人前の専門医になるんです。妻が専門医の試験を受けたのは30代後半ですが、まわりは20代ばかりだったと言っていました。その点では、妻に申し訳なかったなと今でも思います。

ただ、私自身は、家族が一緒にきてくれたおかげでアメリカでの2年間は公私ともに充実した時間がもてました。日本では昼間は大学院、夜は非常勤の当直医をする生活でしたが、留学中は夕方から家で家族と過ごせます。2人の娘の子育てにも参加できたのは、ほんとうに嬉しかったです。

稲盛 そのままアメリカに残って研究することもできたと思いますが、日本に帰ってこられたのは、なぜですか。

山中 アメリカでの研究はまさに佳境に入っていましたし、帰国しても仕事のあてはなかったので、できれば帰国したくありませんでした。ただ、長女がちょうど小学校にあがる年齢で、妻と相談してやはり娘たちには日本の教育を受けさせたいということで、家族が先に日本に帰国したんです。

稲盛 一気に寂しくなったでしょうね。

山中 はい。それこそ、寂しさを紛らわすために朝から晩までほとんど研究室に泊まり込んで研究に打ち込みました。そのおかげで研究はぐんぐん進みました。運よく、日本学術振興会の特別研究員に採用され、なんとか生活する目処がたったところで日本に帰国しました。その半年ぐらい後に、大阪市立大学の助手で採用していただき、初めてボーナスをもらい嬉しかったのを覚えています。

稲盛 なるほど。私もそうですが、何かを一心に成し遂げようとするときに、妻の役割というのはやはり大きいですね。

山中　ほんとうにそう思います。稲盛さんは、京セラを設立されたときにはすでにご結婚されていたんですか。

稲盛　はい、1958年12月に松風工業を退社して、翌日に京都市の施設で結婚式を挙げて、コーヒーとケーキだけの披露宴をすませました。新居は6畳一間、トイレと炊事場は共同のアパートです。翌年の正月から会社の設立準備にとりかかり、4月1日に京セラを創業しました。

山中　新しい会社を作ることについては、奥様に何かおっしゃったんですか。

稲盛　新しい会社を成長させていくことは、私にとっては切り立つ断崖絶壁をロッククライミングで登らなくてはならないという感じでした。普通の人なら、時間がかかっても登りやすいルートを見つけて進むでしょうが、私は垂直登攀《とうはん》していくしかないと自分に言い聞かせていました。しかし、誰もそんな崖を登った経験もないので、恐怖で足がすくみ、滑落する人も出て、部下が誰もついてこなくなるかもしれない。そういう孤独感にさいなまれました。それで家内に「お前だけは最後まで俺の尻を押してくれよ」と頼んだことがありました。

山中　奥様はなんとおっしゃったんですか。

稲盛　うちの家内は非常に無口な人ですから、ただ頷いて「いいですよ」と言っただけでした。

もともと家内は松風工業で私の部門に入ってきた研究助手だったんです。その頃、すでに私は工場に鍋釜持ち込んで寝泊まりしていたんですが、工場のすみっこで自炊したものを食べている私を見かねて、弁当を作ってくれたのが家内なんです。ちょうどU字ケルシマが増産増産の頃に労働組合のストライキが起きたときにも、私を助けてくれました。全社員がストライキに入ったのですが、私の部門だけはみんなで会社に寝泊まりして生産を死守することになりました。うちが出荷を止めたら松下の工場の生産ラインも動かなくなるからです。しかし会社の出入り口はピケが張られていて使えない。そこで家内を会社の外で待たせ、私が荷造りした製品を塀からおろし、家内がそれを松下の高槻工場まで配達してくれました。

山中　そうなんですか。

稲盛　結婚当初から給料は家内に全部、渡していますが、会社を立ち上げた頃は給与も非常に少なかった。でも、社長なので年末年始は社員などのお客さんがたくさん来られました。だが、それを愚痴ったことは1回もないし、着るものにしてもあれが買いたい、と言ったこともないんです。私と家内が京都から郷里の鹿児島に帰ったとき、見送りにきてくれた会社の人間に後日、言われたことがありました。「奥さん、新婚旅行に行ったときとまた同じ服を着ていましたけど、あれから何年も経っているのに、洋服を作っていないのですか？」と。「全然、気が付かなかった」と私は答えたんですが、本当は申し訳なく思わないといけないんだろうけど、それに甘え、よくやってくれているという程度に考えていました。それから55年がたちますが、現在の私があるのは、半分は家内の功績だと思っています。それぐらい家内の助力は大きかった。

コーヒーとケーキで披露宴をした稲盛夫妻

山中　いいお話ですね。

稲盛　無二の戦友です。78歳でJALの会長に就任することになったときも、私の生活を後方から支援しなくてはならない、と思ってくれたみたいです。その当時、家内は体調があまり良くなくて病院に通っていたのですが、主治医に「先生、体をよく診てください。

今から3年間は病気で寝込むわけにはいきませんから」と言ったそうです。その当時、私には何も言わなかったのですが、JALの取締役退任後、そんなことを話していました。うちの家内は地味で無口な人で、私の仕事の状況を聞いてきたりしません。でも、JALについての世間の反応は、非常に気にしていたようでした。私を誹謗中傷するような記事でも、いいことが書いてある記事でも、自分で本屋に行って買って読んでいました。ただ、そのことは私には一切、言いませんでしたが。

山中　よほど心配されていたんですね。反対に、仕事の判断で迷ったりうまくいかなくて疲れたときに、奥様に相談されたり愚痴を言われたりすることはあるんですか。

稲盛　愚痴を言ったことは何回かあると思うんです。ただ、そういうときに快活な奥さんだったら「あら、そうなの」とか「じゃあこうしてみたら」とか何とか言ってくるんでしょうが、うちの家内は黙って聞いてる。だから愚痴を言うほうも張り合いがないんです。反対に私に愚痴を言ったこともありません。私はとにかく仕事仕事で、家のことはすべて家内にまかせて3人の娘たちの子育てはおろか、運動会、授業参観、卒業式、入学式にもただの一度も行きませんでした。娘たちが小学校の頃は、晩御飯の後などに「よその家のお父さんは、来るのに」と言われたりしました。そんなとき、私は娘たちに「お父さんは会社の社長なので銀行からたくさんのお金を借りている。もし、会社が倒産すると、お父さんは会社の連帯保証人だから、借金のカタにこの家も、家具も全部、取り上げられてしまう。たぶん、お前たちが今、使っているお茶碗や鍋なんかは残してもらえると思うけど、そうなってはいけないと思って、必死で頑張っているんや」と諭したこともありました。長女がこの話をよく覚えていて、「夜、眠れないぐらい、倒産したらどうしようと心配した。年端のいかない子供にきついことよう言うわ」と大人になってから怒られました。家族には寂しい思いをさせましたが、家内から一言も文句を言われたことがないんです。

山中　素晴らしい奥様ですね。

稲盛　ありがたいと思っています。でも本当は、内心ちょっとぐらい寂しがってくれたらいいのにな、と思ったこともあるんです。

山中　そうなんですか（笑）。

稲盛　少しは甘えてほしいというかですね、そういうのは可愛らしいじゃないですか。でもその一方で、もう一人の自分が「お前、それは贅沢やないか」と（笑）。辛抱強さを求めながら甘えてもほしい。男とは、ずいぶん勝手なもんだと思います。

第二電電企画（現ＫＤＤＩ）の設立パーティに出席した稲盛氏（右から３人目）

第3章

ありったけを捧げる覚悟

誰もやらないなら俺がやる、と手を挙げた。

●コンビニおにぎりを食べながらＪＡＬ再建

山中　さきほどＪＡＬのお話で、奥様が主治医に「3年間は倒れられない」とおっしゃったそうですが、稲盛さん御自身のお体は大丈夫だったんでしょうか。心身ともに相当な重圧がかかっておられたと思いますが。

稲盛　はい、会長就任をお引き受けしたときすでに78歳でしたから、就任に大反対した家族や知人たちも、私の健康面をずいぶん心配してくれていたようです。しかし、おかげさまで昨年（２０１３年）春に取締役を退任するまでの3年間、とくに体調を崩すことはなく健康にすごすことができました。ただ、就任してから、長年やめていた煙草が復活しました。

山中　どれほどのストレスだったかがわかりました。

稲盛　家内が「あなた、また吸い始めたんですか」と言うんで「ストレスで死ぬより煙草を吸って死んだほうが俺はいいんだ」と。それ以後、自宅に帰るとスムーズに灰皿が出てくるようになりました（笑）。

山中　在任中はＪＡＬ本社のある東京と京都を往復されていたんですか。

稲盛　JALの会長就任は当時の鳩山由紀夫首相からの強い要請を受けてでしたが、当初は「年寄りなのでフルに勤務することはできません。週に3日ほどの勤務ならできます。それでもよければ」という条件でお引き受けしました。同時に「週3日の勤務ですから、無給でやらせてもらいます」ということも申し上げて。

ところが就任してみたら、これは大変なものを引き受けてしまったと（笑）。とても週3日の勤務でどうにかなる状況ではなかった。そのうちJALの本社に詰める日が週3日から4日へ、4日から5日へと次第に増えていきました。けっきょく金曜日の夜に京都にある自宅に帰り、月曜日の朝また東京に戻るという、80歳を前にして、週のほとんどを東京のホテル住まいという単身生活を経験しました。ここでもやはり家内の助力が大きかったですね。月曜日の朝は、旅行用のかばんに、5日分の下着や靴下、ワイシャツにネクタイ、ハンカチを1日分ごとにパックしたものを用意して、玄関まで持ってきてくれるので、私はそれを提げて仕事に行くだけでした。

山中　食事はどうされていたんですか。

稲盛　ホテルの近くのコンビニでおにぎりを2つ買ってホテルの部屋で食べることもしばしばでした。

山中　稲盛さんがコンビニでおにぎりを買って食べておられたとは……。

稲盛　とにかくＪＡＬの幹部をはじめ全社員の意識を変えることで毎日が真剣勝負でしたから、ホテルにたどり着いたときにはぼろぼろに疲れ果てていて。そんな毎日でした。

山中　それだけ目いっぱい仕事をされても健康でいられるのは、何か秘訣があるんでしょうか。

稲盛　どうでしょうか。12歳で肺結核になったときも、当時は特効薬もなくて、けっきょく栄養をとるしかありませんでした。それでお袋がどこからか鰯《いわし》を買ってきまして、カラカラに焼いた鰯をすり鉢ですってふりかけにし、私の雑炊にだけいっぱいかけてくれて食べていました。

ところがそのうちいよいよ戦争が激化してきまして、連日のように空母から米軍の艦載機が出撃してきて、鹿児島の市内を蹂躙《じゅうりん》するわけです。中学生でしたから、学校の校庭でみんなで集まっていると「敵機がきた！」と言うんで、パーッと散り散りに逃げる。木の幹にしがみついたりしているすぐ横を、機銃掃射でダダダッて砂煙をあげて弾がはじけていく。肺結核で熱があって自分は死ぬんだろうかと思い煩っていましたが、病気だからといってヘナヘナしているわけにもいかんのですね。空襲を走り回って逃げなければなりませんでした。それがかえって良かったのかもしれません。

山中　それで肺結核は？

稲盛　気が付いたら治っていたんです。そのあと65歳で胃癌が見つかって胃の3分の2を取りましたが、おかげさまでその後はこれといった病気もなく健康でやってこれました。あらためて人生を振り返ってみると、私の場合は、むしろ仕事ばかりしていたから健康だったのではないかと思うんです。

山中　なるほど。

稲盛　はい。これは健康とは関係ないかもしれませんが、仕事の出張であちこち海外に行っていますが、まったく時差ボケしません。

山中　お若い頃からですか？

稲盛　はい。行っても帰っても、つねに正常。

山中　それは非常にうらやましいですね。私はアメリカのグラッドストーン研究所にも小さな研究室を持っていて月に1度は行きますが、時差ボケには慣れません。それこそ秘訣があるならお聞きしたいぐらいです。

稲盛　これも、仕事ばっかりしていたからではないでしょうか。というのも、私は若い頃から今日まで、海外出張しても観光とか見物というものをほとんどしたことがありません。現地に行って仕事の用件だけ済ませたらすぐ帰ってくる。だから世界各国いろいろなところに行ってはいますが、あそこの都市はなんとかという名所が有名ですよね、とか、こんな場所がありますよねって言われても、よくわからない（笑）。

山中　それは仕事でお忙しいからですか？　スケジュールがつまっていて見てまわる時間がないからとか。

稲盛　いや、せっかく来たんだから観光地を見て帰ろうとか、そういうことを考えたことがないのです。用件だけ済ませたら帰ってくる。だから、お好きな外国はどこですか、と聞かれても、答えられないのです（笑）。それぐらい仕事ばかりでしたし、それでまったくストレスにならないんですね。だから私の場合は、仕事ばっかりしていたのが健康に良かったんだと思うんです。

●ビジョンとワークハードで人の3倍働く

山中　研究者として人間として必要なのはＶＷ、ビジョンとワークハードだと教えられて、米国の研究所ではほかの研究者の3倍実験していました。3倍実験すれば3倍早く実験が進むだろうと、ある実験の待ち時間に別の実験をするなどスケジュールをうまく調整していました。それがストレスではなく、実際に研究もぐんぐん進みました。それは医学部時代、ラグビー部の練習と勉強を両立させるために、どうすれば短時間で効率よく勉強することができるかばかり考えていたのが、習慣として身についていたんだと思います。

稲盛　医学部の勉強とラグビーを両立されていたんですか、それは素晴らしいですね。私は家では何もしませんが、仕事に関しては完全主義です。完全主義を自分に課して毎日を生きることは大変つらいことです。でも習い性となれば苦もなくできるようになるんですね。

山中　私の場合は、自分の手で思う存分実験しているぶんにはどんなにハードでもストレスはないんですが、今は小さいながらも研究所の所長として、研究の方向性や研究所の運営など、経営者に近い立場になっています。そうすると日々判断を求められることが出てくる。時には判断に迷うこともあります。稲盛さんは技術者から経営者になられて、これまで事業として大きな決断をいくつもしてこられていますが、そのつど、どう悩んでどう判断されてきたのかぜひお伺いしたいです。

稲盛　いや、私はやると決めたら悩まないんです。いったんやると決めたら「うまくいくだろうか」とか「不安だな」という気持ちは欠片《かけら》ほどもない。それは1984年の第二電電（現KDDI）設立のときも、2010年のJALの会長をお引き受けしたときもそうです。重大な責任は感じますが、迷いや不安は一切ありませんでした。

山中　それは、すごいですね。

稲盛　もしも、途中で迷いや弱気が一瞬でも頭をよぎっていたら、成就しなかったと思います。願いというものは、それほど純粋で結晶化されたものでなければ成就しないからです。ただしやると決断するまでは、時間をかけて非常に慎重に自問自答を繰り返します。第二電電設立のとき、自らの思いを確かめた言葉が「動機善なりや、私心なかりしか」というものです。動機は善か。つまりそれをやる大義はあるのか。それを真剣に問うのです。

山中　私心、つまり損得をではなく？

稲盛　私心なかりしか、というのは、自分の損得で動いてはいまいかという戒めです。自分の名誉やお金儲けのためにやりたいのではないか。本当に世のため人のためになるのかという社会的な利益です。そのような大義があるからあれほど打ち込めたんだと思います。

山中　すごいですね。

●赤字を出しても続けた太陽光発電事業

稲盛　京セラは多角化するなかで、新規事業としていくつかの大きな決断をしてきました。その最初は約40年前、1975年の太陽光発電事業としてのジャパン・ソーラー・エナジーの設立です。2012年7月から日本でもいわゆる全量買い取り制度がスタートしたことから、今では京セラの柱となる事業になりましたが、それまでは苦労の連続で、赤字を出し続けながら継続してきた事業なんです。それでもやめなかったのは、やはりそれをする大義があったからです。

山中　その大義というのは？

稲盛　太陽光発電の技術開発と量産によって、エネルギー問題と地球温暖化に貢献すること。この2つが大義であり、京セラの太陽光発電事業のミッションでした。きっかけは1973年の第1次石油ショックでした。世界中で石油に代わるエネルギーを開発しなければならないという声があがり、一番可能性があるのは太陽光発電だということで、世界中で研究が始まりました。私自身も石油ショックを受けて強い不安を感じていました。日本は特に資源がない国で、エネルギーのほぼすべてを輸入しています。日本の産業を維持していくためにはどうしても再生可能エネルギーが不可欠であり、日本こそ太陽光発電の研究開発をやるべきだと強く思ったのです。その少し前に、米国のタイコ・ラボラトリーズ社の単結晶製造技術を導入しており、その技術が太陽電池の製造に応用できるとわかりました。そこで松下電器産業（現パナソニック）、シャープを含む4社に声をかけて、京セラの51％出資で京都に新会社を作り、研究を始めました。

山中　太陽光発電事業としては、日本で先駆けとなる会社だったのですか。

稲盛　はい。もちろん大企業からベンチャー企業まで、ほかにも多くの企業が参戦してきました。ところが、石油の価格が下がり始めると、そのほとんどは撤退し、あっという間に代替エネルギーブームは過ぎ去ってしまいました。

山中　石油の供給が戻ってきたからですね。

稲盛　石油の需給が緩和されたことで、ソーラーエネルギーに対する社会の関心は急速に薄れていった。しかしエネルギー問題は人類にとって重大な課題であると考え、懸命に事業を続けました。松下電器産業やシャープ等の出資分を京セラが引き受け、京セラの100%出資会社として継続することになったんです。

山中　市場がなかなか育たないなかで、技術開発のほうは順調に進んでいったのですか。

稲盛　いえ、研究も遅々として進まず、途中で大きな方針転換をしました。結果的に、世界に先駆けて多結晶シリコン太陽電池を開発することができましたが、これもなかなか需要につながっていかない。2012年に全量買い取り制度がスタートしたことで、38年目にして一気に市場が開花しましたが、それまではずっと苦労の連続。当時、大学を出たばかりで研究を担当していた社員たちも、私にこてんぱんに怒られながら、みんな辛抱して本当によくやってくれました。彼らは今では世界中を飛び回っています。

●誰もやらないなら俺がやる、と手を挙げた第二電電

山中　損得ではなく動機の善悪を判断の基準にする。とてもわかりやすい判断基準をいただきました。経営者としては損得で判断することも大事なことかもしれませんが、私自身も判断を求められるとき、損得で考えようとすると難しくなることが

あります。でも善悪の判断であれば、私にも判断できる気がします。ただし、稲盛さんの場合は、その判断に時間をかける、非常に慎重に自問自答されるということですね。

稲盛　１９８４年に第二電電を設立するときの大義は、通信事業が自由化される新時代に、日本の電話料金も欧米並みの安い電話料金にすることでした。日本の電話料金の高さは自分の経験からも感じていました。当時は携帯電話はまだありませんから、東京に出張に来て京都の本社に電話するのに、公衆電話に10円玉を入れながら話をするんですが、10円玉を入れるのが間に合わないぐらい通話料が高かった。当時京セラはすでにアメリカに進出していましたが、カリフォルニアのうちの会社からニューヨークに長距離電話をしても、それほど高くないんです。日本は電電公社（現ＮＴＴ）が独占しているから高いのであって、競争する会社が出てきて、通話料金を下げなければいかんと思って、誰かが手を挙げるのを待っていたんです。ところが通信事業が自由化されても、誰も手を挙げない。電電公社からＮＴＴとなり民営化されるとはいえ、相手は明治時代から国営でやってきた年間売り上げ４兆円を超える巨大企業です。国のお金で日本列島のすみずみまで通信網をはりめぐらせている。それに立ち向かうのは非常にリスキーで、新規参入する会社がなかなか出てきませんでした。NTTに競合相手がいなければ価格競争が起きず、料金は永遠に安くならない。情報通信がすべての中核となる時代を迎えて、独占状態が続くのはよくないので、当時、京セラはまだ中堅企業でしたが、私のようなベンチャー企業出身の経営者が名乗りをあげて一矢射かける挑戦が必要だと思ったんです。そこで、東京で経済界の会合があったときに、その話をしたら、ウシオ電機の牛尾治朗会長、セコムの飯田亮《まこと》会長（当時）らも誰かがやらなければならない、と思っていらっしゃった。「稲盛さん、どこまで考えてる」と聞かれ、私は具体的にこういう会社を作ってこうしようと思っていると説明したら、「そこまで具体的に計画ができあがっているのなら、われわれは出資金を出して応援するよ」と。3人で事業について議論していると、ソニーの盛田昭夫会長（当時）が「何の話をしとるんだ」と加わり、同じく出資をしてくださった。これが第二電電ができたきっかけでした。

山中　通信業界に競争原理を入れることで日本の電話料金を安くする、という稲盛さんの大義に賛同されたのですね。

稲盛　そうです。しかし、実際に決断するまでの約6カ月間は、毎晩ベッドに入る前、自問自答を続けました。

しょせんはNTTに挑戦することで名声を高めたいというスタンドプレーに過ぎないんじゃないか。もっと金儲けしたいという欲に駆られただけじゃないか。自分がやりたい動機は何なのか。何度も何度も心の中で問い続けました。動機は本当に国民のため、電話料金を少しでも安くしたいという思いからなのか。私心はまったくないのか。そのとき、自分に何度も問うた言葉が先ほどお話しした「動機善なりや、私心なかりしか」なのです。

山中　そこに私心があったのではダメだと。

稲盛　私心は不純物ですから、いくら大義はあっても、そこに私心があればうまくいかない。私心がなく動機が善であれば結果は気にしなくても自ずとついてくる。私はそう信じています。

山中　なるほど。

稲盛　「あの巨大な電電公社に無手勝流《むてかつりゅう》で立ち向かってうまくいくわけないやないか」とメディアでも叩かれました。でもやると決断したら悩みませんから。その後、DDI、KDD、IDOが合併してKDDIを設立しました。社員たちの努力と、たくさんの方からお力をいただいたおかげで、現在では売り上げ4兆3千億円、営業利益約7千億円を出してくれる高収益企業に成長してくれました。

山中　決断したら悩まない、ですか。

稲盛　悩むことと反省は違います。京セラフィロソフィのひとつに「六つの精進」があります。非常にシンプルなもので、1　誰にも負けない努力をする　2　謙虚にして驕らず　3　反省のある毎日を送る　4　生きていることに感謝する　5　善行、利他行を積む（人のために善いことをする）　6　感性的な悩みをしない、です。感性的な悩みをしないという項目を入れたのは、たとえば、経営者の中には資金繰りに困り、手形が落ちるだろうかと心配するあまり夜も眠れず、体を壊す方もいらっしゃるからです。でも、そのような悩み方はあまり意味がないと私は思っています。そうなる前に会社が十分な資金を持てるように一生懸命に努力することが肝心なのです。しかし、それでもその努力の甲斐なく会社が潰れてしまうことはある。そのときは心を入れ替えて、再起をはかるしかないと思うんです。

「覆水盆に返らず」で、全力を尽くしたのであれば、「ああすればよかった、こうすればよかった」と思い煩う必要はありません。もちろん、失敗した原因をよく考えて、反省することは必要です。しかし、十分に反省したら、すっきり忘れて、新しい目標に向かって行動を起こしていけばいいんです。

●iPS細胞も「誰もやらないなら俺がやる」でした

山中　お話を伺っているだけで、何かこう勇気というかやる気というか、嬉しいような気持ちになってきています。というのも、今から十数年前に私がiPS細胞の研究をやりだしたのも、まさにおっしゃった「誰もやらないなら俺がやってやる」という思いだったからです。

稲盛　そうでしたか。

山中　それまでES細胞という受精卵を利用して作る万能細胞ができていたんですが、倫理的な問題があり、なかなか発展しなかったんです。

稲盛　ES細胞とiPS細胞はどこが大きく違うのですか。

山中　ご存じのとおり、生命は1つの卵子と1つの精子が受精して受精卵になり、細胞分裂を繰り返して、数日経つと胚という状態になってお母さんの子宮に着床します。つまり、胚が子宮の壁に潜り込むと妊娠が成立し、そこからさらに細胞分裂を繰り返してさまざまな臓器ができていき赤ちゃんになっていきます。ES細胞とは、胚が子宮の壁に潜り込む直前、つまり妊娠が成立する直前の状態の胚の中の細胞を、実験室で長期培養することに成功した細胞のことです。1981年にイギリスの研究者がハツカネズミの胚を使ったES細胞の作製に初めて成功し、「Embryo」（胚）から作った「Stem cell」（幹細胞：自己複製可能で分化可能な細胞）だから、ES細胞（Embryonic Stem cell）という名前がつけられました。日本語では「胚性幹細胞」と呼ばれます。ES細胞には2つの特徴があります。ひとつは増殖能が非常に高いことです。1つのES細胞をほぼ無限に増殖させることができます。場所とお金さえあれば、1億個、1兆個に増やすこともできます。2つ目はES細胞から神経でも、筋肉でも、体のほぼすべての細胞を作りだすことができ、これを「分化多能性」と言います。私がES細胞を研究するようになったのも、博士号取得後、米国留学中に私が偶然見つけたNAT1という遺伝子がこの分化多能性に非常に大切な役割を果たしていることがわかったからなんです。

稲盛　なるほど。その後、米国から帰国されてうつで苦しんでいたときに、人間のES細胞ができたというお話でしたね。

山中　はい。しかし人間のES細胞を再生医療に使うことには、大きな問題が2つあります。ひとつは他人の細胞なので拒絶反応《ほうが》が起こってしまうこと。もうひとつは、余剰胚とはいえ、生命の萌芽《ほうが》である人間の胚を破壊していいのかという倫理的な問題です。それならば、ES細胞と同じような働きをする細胞を他人の受精卵からではなく、患者さん自身の体の細胞、たとえば皮膚細胞から作ることができれば、ES細胞の問題を克服できるのではないかと思いました。分化した細胞をもう一度受精卵に近い状態に戻すことを、科学用語で「初期化」と呼びます。皮膚細胞を「初期化」してES類似細胞に変えようというのが私のビジョンでした。

稲盛 その頃にはもう分化した細胞を元に戻す可能性はあると言われていたんですか。

山中 はい、いわゆるクローン技術、核移植です。そもそも50年前に、2年前（2012年）のノーベル賞を一緒にいただいたジョン・ガードン先生がカエルで分化した細胞であっても戻りうるのだということを示されていました。哺乳類では、イアン・ウィルマット博士らにより、1996年にドリーという羊の乳腺の細胞から、核移植で完全な羊が生みだされました。ちなみに、ドリーというのは非常に胸の大きな女優さんの名前らしいです（笑）。

稲盛 つまり、分化した細胞を受精卵に近い状態に戻すことは、理論的には可能だと言われていたんですね。

山中 はい、理論的には可能だと。しかし非常に難しいと言われていたんです。

稲盛　なるほど。

山中　サイエンスとしては面白いが、決して一般的な技術ではないと。誰もが、そんなに簡単にはできるはずはないと信じていたんです。それこそ研究者仲間からは「そんなことはやめとけ、うまくいくわけない」と言われました。余計に「今に見ておれ」という思いで（笑）、ちょうど奈良先端大で初めての研究室を持たせていただくタイミングだったので、そのまま研究室のビジョンとして掲げました。「人間の皮膚細胞を初期化してES類似細胞を作る」。そうしてできたのがｉPS細胞で、日本語では人工多能性幹細胞と言います。

稲盛　しかし、そんな夢のような細胞が、皮膚細胞に山中ファクターと呼ばれるわずか４つの遺伝子を入れることでできたというのは驚きですね。

山中　そうです。さきほど、京都賞の受賞者でもあるゲーリング先生のしおり理論のお話をしましたが、ｉPS細胞を作る４つの遺伝子は、実は４枚のしおりなんです。皮膚細胞が万能細胞になるために必要なページを開けるためのしおりです。

稲盛　なるほど、わかりやすいですね。

山中　ヒトの遺伝子は３万個あると言われています。２００４年に京都大学再生医科学研究所に移るときには、ES細胞のしおりは全部で24個見つけていました。このしおりを皮膚細胞に送り込んでES類似細胞を作る実験を行ったわけですが、やはり人間は複雑なのか、ショウジョウバエのように1個のしおりでは無理でした。

稲盛　1つの遺伝子では無理だとすると、ふつうなら24個の遺伝子の組み合わせを考えないとならないわけですね。

山中　はい。考えるだけで気が遠くなる作業です。そこで奈良先端大からのメンバーだった高橋和利君が24個の遺伝子をすべて皮膚細胞に放り込むことを思いつきました。遺伝子を1個導入するだけでも難しいのに、24個を放り込むという発想自体が新鮮で驚きました。実際に実験をしたらES細胞に似た細胞ができることが確認できた。そうなると次は、24個のうちどの遺伝子がしおりなのかをつきとめなければなりません。さて、どうしようかと。

稲盛　そこから4つの遺伝子に絞り込む方法を思いついたのも、助手をされていた方のアイデアだったそうですね。

山中　高橋君が「先生、24個のなかから、遺伝子を1つずつ減らしてみたらどうですか」と。それを聞いた瞬間、「あー!」と思いました。抜いた1つの遺伝子が重要な遺伝子だったら、残りの23個を入れても細胞は初期化されない。そのときは感動してしまって「高橋君、君ほんま賢いなあ」って褒めちぎりました(笑)。

稲盛　いや、それはほんまに賢いです。

山中　賢いだけでなく、高橋君が偉いのはすぐさま実験にとりかかってくれたことです。言うは易しで、けっこう大変な実験なんです。それを嬉々としてやってくれて、細胞の初期化に必要な4つの遺伝子を特定してくれました。

稲盛　えらいなあ。実験は顕微鏡のもとでやるわけでしょう。小さな細胞1個のなかに、それよりさらに小さな遺伝子を入れたり出したり。やっぱり研究とか技術開発には、そうした地道な努力と熱意が何よりも大事ですね。

山中　むしろ知識や経験といったものが研究の邪魔になることもあります。同じように発想したとしても、うまいこといくわけないと。理論的に考えてやろうとしない。だったらもっと可能性のあることをやったほうがいいとなるんですね。

稲盛　わかるような気がしますね。

山中　実際、このプロジェクトを奈良先端大のラボで始めたとき、もっと経験のある他のメンバーにやってもらったんです。でも彼はものすごく頭が良かったのですが、手が動かないんです。このプロジェクトはうまいこといくわけないからと、気がつくと違うことをやっている。それで京大に移ることになったときに話し合って、彼は留学することになったので、代わりに高橋君にやってくれるかと。そのとき、私が高橋君にこっそり言ったのは、このプロジェクトはたぶんうまいこといかないと思う。でも人に言うなよと。これで成果が出なかったら、僕はもう研究者ではいられなくなると思うし、君も当然いられなくなる。しかし大丈夫だと。僕には一応医師免許があるから、どこかで小さなクリニックでもやって高橋君を受付として雇うから心配はいらないと。

稲盛　気持ちを正直に伝えたんですね。

山中　はい。でも高橋君、予想外な反応をしてくれました。「ほんとに僕がやってもいいんですか」と逆に喜んでくれまして（笑）。単純というか、何というか。今ではｉＰＳ細胞研究所の高橋研究室（当時）の立派なリーダーです。

●高橋和利君の純粋な熱意に「惚れた！」

稲盛　経験的によくわかります。私も若い頃研究開発をしているとき、まったく新しいアイデアを思いつくと幹部たちを集めて意見を聞きましたが、難関大学を出た優秀な研究者ほど、それがどれだけ無謀なものかを批評家のように分析する人が多かった。これではどんなにいい発想でも冷や水を浴びせられ、しぼんでしまいます。

そこで私は相談相手を一新しました。新しいこと、前例のない分野に挑戦するときは、少しおっちょこちょいなところがあっても私の意見を素直に聞き、「面白い、面白い」と賛同してくれる社員を集めて話をするようにしたのです。すると本当にうまく進むのです。

山中　なるほど。

稲盛　ただし、その構想を具体的な計画に移すときには、打って変わって物事を冷静に見ることができる人を集め、あらゆるリスクを想定し、厳密にプランを練っていきます。そして計画をいざ実行する段階になったら、再び楽観的に思い切った行動に打って出ます。「楽観的に構想し、悲観的に計画し、楽観的に実行する」と言っていますが、大胆さと細心さのバランスは、新規事業を始めるためには欠かせません。

山中　よくわかります。私も37歳で奈良先端大で初めて自分の研究室を持たせてもらったときに、まず最初にしなければならなかった大仕事というのが、全国から集まった120人の優秀な新入生を前に、自分の研究室を宣伝することでした。研究室を選ぶ権利は学生にあって、人気のある研究室は入試の成績上位者から優先的に配属されていくシステムでした。無名の助教授（現在の准教授）だった私の研究室は、教授のラボと比べると実験室の広さは半分で、研究予算も少ない。優秀な学生にきてもらうためには魅力的なビジョンを語るしかありませんでした。

稲盛　先ほどおっしゃった「人間の皮膚細胞からES細胞と同じような細胞を作る」というビジョンですね。

山中　もちろんこのビジョンの実現がきわめて困難であることはわかっていました。20年か30年、あるいはもっとかかるかもしれないと思っていました。でも学生さんには、そんなことは一切言わず、それができたらどんなに素晴らしいかということだけを一生懸命に熱く語りました。それに騙されて入ってきてくれた3人のうちの一人が高橋君なんです。

稲盛　壮大な夢を語り聞かせて、成績優秀な学生さんが入ってきてくれたわけですね。

山中　いえそれが、徳澤佳美さんと海保英子さんという女性2人は文句ない成績上位者でしたが高橋君はそうでもなかったんです。

稲盛　そうなんですか。

山中　壮大なビジョンが効いたのか、私の研究室には定員3名の枠に20名ほどの応募者がありました。この場合、入試の成績の上位の学生さんが優先的に希望研究室

山中氏とともに研究を行った高橋和利氏（右）もノーベル賞授賞式に出席した（京都大学 iPS 細胞研究所提供）

に配属されるという決まりでした。しかし高橋君は、工学部の出身で生物学の経験がありませんでした。彼の入試の成績は真ん中くらいで、どう考えても入れる可能性はありませんでした。ところが、私は最初の面接で彼に惚れ込んでしまって、どうしても入ってほしいと思ってたんです。

稲盛　ほう、それはどうしてなんですか。

山中　学生さんの側もいろいろ駆け引きをされるんですね。入試の成績上位者であれば問題なく第1希望の研究室に入れますが、ボーダーの学生さんは最初から第1希望は諦めて、第2希望で確実に入れるような研究室に希望を出すというのがほとんどです。

稲盛　普通は第1希望の研究室を落ちて、人気のない研究室にいかされるなら、初めから第2希望の研究室を希望したほうが得策だと考えるんですね。

山中　そうです。面接でだいたいの成績順位を本人に伝えますから、うちの研究室でもボーダーの学生はどんどん抜けていきました。ところが高橋君だけは、「いや、僕は先生のところに入れる可能性が少しでもあるんだったらそのまま先生のところを希望します」と言い切ったんです。こいつすごいやつだなと。成績は悪いけど、すごい。

稲盛　たしかに、それはすごいですね。

山中　最終的には、ボーダーの学生がどんどん抜けていっても、高橋君の上にまだひとりの学生が残っていました。私はなんとか高橋君に入ってほしい。それでその学生と面接したときに、「僕と合わへんのとちゃうかな」とか言って違う研究室に誘導いたしまして、めでたく高橋君が3番目に滑り込んだんです。

稲盛　相思相愛だったんですね、初めから。

山中　高橋君だけですね、面接であそこまでうちに入ってほしいと思ったのは。

●「人生・仕事の結果＝考え方×熱意×能力」

稲盛　高橋さんのようなひたむきな情熱に惚れ込むというのは、よくわかります。私もよく「仕事で良い成果を上げるには、どうすればよいか」と聞かれることがありますが、これに対して私は明快な方程式をもっているんです。それは「人生・仕事の結果＝考え方×熱意×能力」という方程式です。

山中　それはぜひお聞きしたいです。

稲盛　３つの要素がありますが、一番大事なのはその人が持っている人生や仕事に対する「考え方」であり、次に「熱意」、「能力」は３番目になります。ここで言う「能力」とは、知能、学力や運動神経などで、多分に先天的なものがありますから、個人の意志が及ぶものではありません。能力の点数は「０点」から「１００点」まであります。

「熱意」は「努力」と言い換えることができますが、これも全くやる気のない「０点」から仕事に対して燃えるような情熱を抱き懸命に努力する「１００点」まであります。

一番大事な「考え方」ですが、これはマイナス100点からプラス100点までありま す。たとえば世を拗《す》ね、人を恨み、斜に構えたものの見方をする人の場合、「考え方」はマイナスになります。一方、壁にぶつかっても素直に人の意見を吸収し、苦労も厭《いと》わず、仲間や他人に善かれと願い、明るく真面目に努力し続ける人の「考え方」はプラスになっていくわけです。

山中　わかりやすいですね。

稲盛　仕事の結果はこの3つの掛け算となるので、学力、能力が高くても、自らの能力を過信して仕事をなめて努力を怠っている人間は、出てくる仕事の結果も低い。一方、能力は低くても、能力で劣るぶん仕事に情熱を持ち、人の何倍もの努力をし、さらに考え方が前向きで思いやりがあれば、桁違いの結果が出てきます。たとえば、学歴が高く能力が90点の人がいるとします。しかし、彼は能力を過信し、仕事をなめ、努力を怠けているので、熱意が40点、考え方も50点しかありません。すると、仕事の結果は掛け算になるので18万点となります。一方、能力は50点しかない人が、能力で劣るぶん仕事に情熱を持ち、人の何倍も努力を続けたとしたら、熱意が90点となります。さらに前向きで思いやりもあって考え方が80点であれば、結果は倍の36万点にもなります。平凡な能力しか持たない人でも、すばらしい考えを持ち、懸命に努力すれば、予想以上の成果を生み出せるのです。

山中　研究者の世界に当てはめても、うなずける方程式ですね。

稲盛　京セラの役員を見るとよくわかります。京セラの創業メンバーの一人に伊藤謙介さんという人がいます。彼は倉敷の高校しか卒業していませんでしたが、地頭はよく、仕事への情熱は誰よりも持っていました。損得では決して動かない信頼できる人柄で、京セラが創業30周年を迎えたときに彼を社長に抜擢しました。当時京セラの社内は大企業病になりかけていて、業績が伸び悩んでいた上に円高のダブルパンチで、さらなる業績悪化が予想されました。そこで伊藤さんは創業当時からの京セラフィロソフィと呼ばれる経営哲学を手帳にまとめ、全社員を教育して徹底したコスト削減を断行したことで、業績を向上させることに見事成功しました。伊藤さんだけではありません。うちの幹部連中を見渡してみても、昔は一流大学卒はあまりいませんでした。「辛抱強いバカばっかりが残ったな」とみんなで冗談を言っています（笑）。実際、会社が小さいときは残業と苦労の連続でしたから、能力だけがある人はさっさと転職していきました。残った連中は部下を引っ張りながら辛酸をなめ、人間ができてきたように思います。

山中　この方程式はいつごろ考えられたのですか。

稲盛　京セラを創業した直後です。平均的な能力しか持たず、平凡な人間である私が、人並み以上のことを成し遂げる方法はないだろうかと必死に考えぬいて、この方程式にたどり着いたんです。私自身、この方程式に基づいてずっと仕事をしてきましたし、この方程式が京セラを発展させたとも思っています。また創業当初、京セラは能力の高い人には見向きもされず、平凡な能力の社員しか入社してくれませんでしたが、彼らを鼓舞するのにも役に立ちました（笑）。実際、彼らの仕事も人生も、方程式どおりの結果が出ています。

●先入観を持たない心でものを見る

山中　非常に納得できるお話です。というのも、工学部出身の高橋君もそうですが、私も整形外科出身で、おまけに医学部のときは昼間に練習をさせるラグビー部に所属していたので、分子生物学の授業はほとんど出ていません。つまり、現在やってるような実験の知識は皆無でした。そういう意味では真っ白なところから始めて、高橋君も工学部という真っ白なところからきて、それこそ手取り足取りで実験のやり方を教えるところから始まりました。考えてみるとiPS細胞は、そういう2人だからできた実験だったかもしれません。さきほども言いましたが、普通に考えるとこんなに成功しそうもないことはやめておこうというふうになる。恐らく無駄になるだろうと思うからです。

稲盛　誰も考えていないこと、やらなかったことをやってみようと決心したときは、あれこれ難しく考えてしまうとよくないんですね。予見をさしはさむのもよくない。よりシンプルに考えて挑戦してみることが大事だと思います。

山中　そう思います。iPS細胞を開発したことで、よく「独創的な実験をしましたね」と言われるんですが、私自身には独創性はあまりないんですね。何か独創的な実験をしてくださいと言われても、たぶん世界中で10人は考えているようなことしか出てこない。ただ、結果的に独創的だと言われる実験ができたのは、独創的でない実験をして、予想してなかった独創的な結果が出てきたときに、そこでやめてしまわずに、独創的な結果のほうの研究をやりだしてしまう。そうやって研究テーマがころころ変わってしまったのですが。

稲盛　でも変わっていった先でiPS細胞とつながったわけですね。

山中　iPS細胞も、じつは発想そのものは独創的ではなくて、おそらく他の研究者も考えてはいるんですが、難しすぎてやっても無駄だろうと言って誰も手を挙げなかったんですね。

稲盛　おっしゃるとおり、予想外の結果に興味を持つというのは非常に大事ですね。そして先入観を持たない心でものを見る。日本刀の刀鍛冶は、自分の身を清めて神棚に祈ってから刀を打つと聞いたことがありますが、それは形式的な問題だけじゃなくて、そのくらいに澄んだ心で見なければ見えないものがある。

山中　研究者として私たちが心がけているのも、まったく同じです。最後は「ごちゃごちゃ考えんで実験せい」と、叱りとばしてるわけですが……。研修医のとき、鬼軍曹の指導医から、「お前は頭でっかちだからあかんのや。患者さんの容体はどんどん悪くなる。ごちゃごちゃ考えんと手を動かせ！」と何度も怒られました。立派な外科医にはなることができませんでしたが、研究をするうえで、そのときに体に染みついた教えがとても生きていると思います。じつは、鬼軍曹先生にとても感謝しているのです。

第4章

高い頂《いただき》を目指す力

エンドレスの努力をしたいから高い山を登る。

2012年の京都マラソンに出場した山中氏
（京都大学 iPS 細胞研究所提供）

●エンドレスの努力をしたいから高い山を登る

山中　さきほど稲盛さんは、京セラを作ったときの心情を「断崖絶壁を垂直登攀していくしかない」という表現をされていました。普通の人なら時間がかかっても登りやすいルートを見つけて進むところを、それはしたくなかったと。非常に印象的なお話だったのですが、それはどういう思いだったのでしょうか。

稲盛　京セラという会社は、27歳の私の技術と人間性を信用して、多くの方の支援で作っていただいた会社です。潰してしまったらその人たちに大変な迷惑をかけてしまう。私を中心に集まってくれた社員たちの幸せのためにも、自分はとにかく努力して頑張るしかないと。ただ、努力も頑張り方もいろいろあって、人それぞれ違うと思うんですね。

山中　そうですね。

稲盛　同じ頑張るにしても、ただ会社がうまく回っていくために頑張る、そういう頑張り方もたしかにあります。でも私はそういう努力や頑張り方では、会社がうまくいって少し儲かると、ほっこりしてしまうだろうなと。

山中　なるほど（笑）。

稲盛　ほっこりして自己満足してしまう可能性がある。そうなると、それ以上の努力や頑張り方はできなくなります。もちろん、それがいけないわけではありません。しかし私はせっかく一生を生きていくのなら、自分はエンドレスの努力をしようと思ったのです。

山中　エンドレスの努力ですか。

稲盛　はい。京セラという会社を作ったときに、技術開発においても会社経営においても、絶え間ない努力、飽くなき努力をしようと思ったわけです。そのために、誰も登ったことのない高い山の頂を目指そうと。

山中　つまり、高い山の頂まで行きたいから努力するのではなく、努力し続けるために高い頂を目指すという意味ですか。

稲盛　そうです。エンドレスの努力を続けていくため、あえて高い山を登る。あの高い山の頂、あそこまで登ろうと思えば、ちょっとぐらい会社がうまくいっても「いや、まだまだだ」と思う心を持って頑張り続けることができます。登れるか、登れないかは考えずに、とにかくそこを目指してエンドレスに努力をしようと思ったものですから。

山中　稲盛さんがエンドレスの努力をして目指す高い頂、そこにあるであろうもの、あるのではないかと期待しているものはあるんですか。

稲盛　人間の可能性というんでしょうか。偉くなるとかお金持ちになるとか、そういった有限の、目に見えるものではなくて、もっと人間には無限の可能性があるはずではないかと。そういう思いはあります。その無限の可能性を信じてあの高い頂まで登り続けていこうと。京セラという会社ができたときから、その思いをそのまま社員に熱く語って聞かせていました。私が尊敬し、目標にしていたのは松下幸之助氏、本田宗一郎氏、ソニーの井深大氏ら技術系の創業者ですが、そういう方々の教えもあって高い山に登るというのは目的じゃなく、エンドレスの努力をするための手段であり、そのため、絶えず、高い山を目指すわけです。

山中　人間の無限の可能性を信じて努力していこう、と社員におっしゃったんですか。

稲盛　はい。もっと具体的でわかりやすい目標も掲げました。当時京セラは京都市の中京区西ノ京原町というところにありましたから、「京セラという会社はできたばかりで、今はまだ吹けば飛ぶような零細企業だけれども、まずはこの原町一の会社にしよう、原町一の会社になったら中京区一の会社にしよう、中京区一の会社になったら京都一の会社にしよう、京都一の会社になったら日本一の会社にしよう、そして日本一の会社になったら世界一の会社にしよう」と。そういう遠大な目標、みんなで高い山に登っていくんだという目標を掲げて、毎日のように社員に熱く語っていました。

山中　社員の反応はどういうものでしたか。

稲盛　なかには笑った者もおりましたが、構わずに繰り返し語りました。私は、リーダーという存在は相手が聞く耳をもっていようともっていまいと、自分の信じるところを諄々《じゅんじゅん》と部下に説いていき、心から納得させなくてはならないと思っています。リーダーが自分の哲学を熱く説き続ける、それが部下の士気、モチベーションになるからです。

山中　JALの再生のときも、そのような社員教育をされたのですか。

稲盛　はい。3万2千人の社員一人一人が、自分がいる場所で懸命に努力しよう、努力して何としてでも自分たちの会社を再建するんだと。その心意気とモチベーションなくして、あの再生はありえなかったと思います。JALの取締役を退任するまでの3年間には、新聞の見出しにもなって物議をかもした私の発言が2つありました。ひとつは会長就任後1カ月半の会見での「JALの経営陣には商売人感覚を持った人があまりに少なく、これでは八百屋の経営も難しい」と申し上げたこと。もうひとつは「私は慇懃《いんぎん》無礼なＪＡＬが嫌いでした」という発言でした。これは就任直後に幹部たちを集めた席でも申し上げましたし、テレビ番組のインタビューでも言いました。この発言にＪＡＬ社内はかなり不快な思いをしたようですが、どちらも私の偽らざる言葉でしたし、ＪＡＬの破綻を招いた根底にある原因だと思ったので申し上げたのです。

八百屋の経営もできないと申し上げたのは、けっして八百屋さんの経営を下に見るような気持ちで言ったのではありません。当時のＪＡＬの幹部たちには採算意識というものがまったくといっていいほどなかった。それどころか利益を上げることへの罪悪感すらありました。われわれ航空事業者の使命は安全を守ることで、利益を上げることではありません、と言われたときは本当に驚きました。

山中　それはやはり御巣鷹山の事故のことが大きくあるんでしょうか。

稲盛　そうです。安全のためにすべての経営資源を集中させる。乗客の安全こそわれわれの使命で、利益を出すことは二の次だという雰囲気がありました。でも安全を守るためにはたくさんのお金が必要です。「潰れかかっていてお金も使えないような会社がどうやって乗客の安全を守るんですか。ちゃんと利益を出して経営に余裕があって初めて安全は担保できるんですよ」。そう幹部の方たちに言うと、みなさん目をパチクリさせていました。

山中　安全を守ることと利益を追うことは両立しない、相いれないものだと思っていたわけですね。

稲盛　そんな未熟な理想論では企業経営はできません。しかしJALはナショナル・フラッグ・キャリアとしてもてはやされてきたエリート集団で、官僚の天下りも大勢受け入れてきた。そのため悪い意味での官僚的体質があって、企業としての基本的な哲学、企業文化が欠落していました。あるのはエリート意識とプライドだけ、というのが就任当初の正直な印象でした。

山中　そうですか。

稲盛　どうしてもプライドが高くなるんですね。そのせいか接客もマニュアル通りで心がこもっていない。お客様を大事にしようとする真心が感じられない。カウンターで案内する職員、搭乗口で挨拶する職員の接客態度にも同じものが感じられました。ですから私は長い間JALを利用していませんでした。それは私だけではなく、慇懃無礼な接客態度に不快な思いをされてJALを離れていった顧客も多くいて、それも経営が破綻する一因でした。

山中　ＪＡＬの再生を引き受けられた理由は何だったのでしょうか。

稲盛　最終的に引き受けたのは、３つの大義があると考えたからです。１つ目は、ＪＡＬが潰れると日本の航空会社は全日空（ＡＮＡ）１社のほぼ独占状態になってしまうことです。そうなれば適正な運賃など国民にとって望ましいサービスが得られなくなるのではないかという懸念があります。２つ目は、ＪＡＬのような大きな企業が潰れたら、それでなくても長く低迷している日本経済の先行きに悪影響を与えるという危惧がありました。３つ目は、残った社員の雇用を守ることは大きな意義があると思ったからです。倒産によって４万８千人いた従業員のうち、１万６千人が去ることになっていました。当時は大変な就職難でしたし、残った３万２千人の従業員の雇用は何とか守りたいと思ったのです。

山中　さきほど大義をもとに決断したあとは不安や迷いはないと言われましたが、ＪＡＬの場合もそうだったのですか。ソーラー事業やＫＤＤＩのときの新規事業の参入とはずいぶん状況は違うと思いますが。

稲盛　同じです。大義をもとに全力を尽くすと決めると、不安や迷いは一切ありませんでした。世間ではＪＡＬの再生は「誰がやってもできない」と言われていましたし、「メーカー出身の経営者である稲盛がやっても無理だろう」と言われていました。実際そのとおりで、私は航空運輸事業に関してはまったく素人ですから何もわかりません。

山中　戦略というか、どう再生させるかという勝算はあったのでしょうか。

稲盛　航空運輸事業に素人の私がＪＡＬに持ち込んだものが2つあります。ひとつは部門別採算制という経営システム、もうひとつは私の経営哲学です。どちらも今日までの京セラの発展の根幹にあるもので、ＪＡＬにはなかったものです。部門別採算制は基本的には製造業向きの経営システムだと思われていますが、業種が違っても十分に機能すると私は思っていました。ただしそれには前提がある。その前提が、全社員の意識改革であり、ひとりひとりが当事者意識を持つことでした。

山中　全社員に当事者意識を持たせる秘訣はあるのでしょうか。

稲盛　2010年2月に就任した直後、私はまず、幹部はじめ全社員に向けて2つの声明を出しました。1つ目は「みなさん、ＪＡＬは倒産したんです」という自覚を促すための問いかけです。もう一つは「新生日本航空の経営の目的は、全社員の物心両面の幸福を追求することにある」という宣言です。というのも、初めて品川にあるＪＡＬ本社に出社して驚いたのは、幹部がみなさん悠長に構えていて、社内のどこにも倒産した会社という空気はありませんでした。ＪＡＬは負債総額2兆3

千億円という一般事業会社としては戦後最大の倒産劇を演じながら、会社が潰れても毎日飛行機を飛ばし続けていますから、幹部にも社員にもその自覚がまったく感じられない。そのため倒産する前と変わらない、同じような意識で、同じように仕事をしていたんです。

山中　だから第一声で「みなさん、ＪＡＬは倒産したんです」と。

稲盛　「日本航空は潰れたんです。その意味をわかっていますか」と問いかけました。本来ならばみなさんは職を失って路頭に迷っているところを、国や金融機関、企業再生支援機構（現地域経済活性化支援機構）が支援してくれて、なんとか生き残っているんです。ここからわれわれは自分たちの力で再建しなければ、誰も助けてくれません。そのためにはまず意識を変えましょうと。

山中　とてもわかりやすいですね。

稲盛　全社員に自分たちの会社は自分たちで立て直すんだという当事者意識が生まれなければ、再建は難しいと思っていました。だからまずＪＡＬは潰れたんだという自覚をしっかり持ってくださいと。しかしそれだけでは当事者意識は生まれません。そこで続けて「新生日本航空の経営の目的は、全社員の物心両面の幸福を追求することにある」という経営理念を宣言したのです。

山中　そうなんですか。

稲盛　企業は株主のためではなく、ましてや経営者自身の私利私欲のためではなく、まずそこに集う全社員が幸福になるために存在する。これは京セラ創業のときからの私の信念であり、経営理念です。それを新生日本航空の経営理念として謳ったのです。幹部からは、「公的資金を使って事業を続けている会社の経営目的が社員の幸福なんて、社会が許しませんよ」と心配する声もありました。しかし私は、社員が物心両面で幸せになれる会社であればこそ、お客様に良質なサービスを提供し安全を守ることができると信じています。それが企業価値を高めて、結果として株主に報いることができ、社会貢献にもつながっていきます。

山中　たしかに。

稲盛　そもそも会社が社員の幸せを願わなければ、社員のモチベーションはあがりません。ですからこの経営目的を、契約社員や派遣社員を含む全従業員に向かって、繰り返し説き続けたのです。自分たちが幸せになるためにも力を合わせて立派な会社を作り上げましょうと。同時にさきほど言った３つの大義を伝え、ＪＡＬを再建することは自分たちのためだけではなく、立派な大義があるのだ、世の中のためにもなるのだということを理解してもらうようにしました。

山中　社員のみなさんも大義があったら余計に頑張ろうと思える。

稲盛　はい。頑張るためには勇気と希望が必要です。会社が倒産して多くの仲間を失い、自分も給料が下がって労働条件が悪くなり、世間からの風当たりも強い。そこから自分の力を奮い起こして頑張ろうとするときに、「全社員の物心両面の幸福」という経営理念と「世のために」という大義は、希望と勇気になったのではないかと思います。そうやって諄々と説いていくうちに「日本航空は自分たちの会社だ」と考えるようになり、再建に向けた強い意志を共有するようになっていきました。その結果として、自分たちの会社の再建のために、また仲間のために尽くそうという心が育ち、経営幹部から社員までもが自己犠牲を厭わない姿勢で再建に臨んでくれるようになりました。

山中　そうした意識の変化は、時間的にはどのくらいかかったんですか。

稲盛　どうでしょうか。経営理念を掲げると同時に、私の人生哲学、経営哲学である「京セラフィロソフィ」を、幹部を含む全社員に説いていきました。つまり、日本航空再建の大義を果たし、全社員の物心両面の幸福を実現していくには、こういう考え方で仕事に向かい、経営にあたらなければならないということを訴え、全社員に共有してもらうように努めたのです。

同時に、部門別採算制度を導入して経営システムを一新しました。これは京セラのアメーバ経営として知られる、組織を小さな単位に分けて収入と経費の差がその部門の利益になるという、全員が経営者意識を持つためのシステムです。JALにおいては部門別、路線別の採算になりますが、制度を導入したことで、1便ごとの収支が翌日に出るようになりました。そうしたソフトとハード両面での改革を進めていくなかで、徐々に社員たちの意識が変化していったのだと思います。それでも経営幹部を説得するまでに半年ぐらい、全社員に私の哲学が受け入れられるまでにはやはり1年ぐらいかかったのではないでしょうか。

山中　稲盛さんの哲学は、どういう場でどのような形で伝えていかれたのですか。

稲盛　まず経営幹部50人に対しては、1カ月間にわたって、徹底してリーダー教育を行いました。1日3時間の研修を1カ月に17回、そのほかに合宿もしました。また幹部の話を聞いた各職場のリーダーたちから、自分たちも研修を受けたいという声があがり、幹部研修の講話ビデオを中心とした研修を行いました。のべ3千人が受けています。さらに現場で働く職員たちには、私が職場をまわって、直接社員に語りかけることもしました。

山中　稲盛さんじきじきに、ですか。それはすごいですね。

稲盛　いくら幹部社員が頑張ったところで、実際に直接お客様と接するのは現場の職員たちです。空港のカウンターで受付業務をしている社員がお客様にどういう対応をするのか。飛行機に搭乗しお客様のお世話をするキャビンアテンダントがどういう接遇をするのか。飛行機を操縦し安全な運航をする機長・副操縦士がどういう機内アナウンスをするのか。さらには飛行機のメンテナンスに従事する整備の人たち、また手荷物等をハンドリングするグランドハンドリングの人たちが、どういう心のこもった仕事をするのか。そうした一つひとつが搭乗されたお客様の心を動かす。「次もJALに乗ってあげよう」と思っていただけるかどうかは、現場の職員たちの一挙手一投足にかかっているんです。そういう思いを持って仕事をしていただきたい。お願いですから、ただマニュアル通りにやるのではなく、あなたの言葉で、心のこもった接客をしていただきたい。そういうことを職場をまわりながら、現場で働く職員に熱く語りかけていきました。

山中　お話を聞いているとまさに「エンドレスの努力」の言葉どおりですね。部下にも同じ努力を求めるなら、リーダーに必要なのは、部下に夢を見させる能力だと、あらためて感じました。JALのみなさんにとってはカルチャーショックだっただろうなと。

稲盛　かなりの抵抗もあり、それはもう大変でした。とくに役員や幹部の抵抗はすごい。まず自分たちは日本航空という大企業の社員なのだという、ものすごいプライドがある。役員会にはエリート意識が服を着たような東大出身の人間がずらっと並ぶわけです。言葉は大変丁寧なんですが「80前のじいさんが何を言ってるんだ」と顔に書いてある。

●人間として何が正しいかで判断する

山中　なるほど（笑）。

稲盛　そういうなかで「人間として何が正しいかで判断する」とか言っても、この忙しいときに、なんで親が子供に教えるようなことを聞かされなあかんのやと。

実際に「京セラフィロソフィ」の中身は、非常にシンプルで、人間として持つべき基本的な道徳観や価値観なんです。「常に謙虚に素直な心で」「常に明るく前向きに」「真面目に一生懸命仕事に打ち込む」「地味な努力を積み重ねる」「感謝の気持ちをもつ」など、人間としてのあるべき姿、人間としてなすべき善きことについてまとめたものです。どれも子供の頃に親や教師から言われてきたことで、誰でも知っていることです。

山中　しかし、実践するのは大変です。

稲盛　そうです。ですから、知ってはいても身についてはいないでしょうと。あなた方がバカにする子供じみた道徳観のようなもの、それに基づいて日々の判断や行動をできているんですか。知ってはいるでしょうが実行していない。それで大会社の経営などできるわけがないでしょう、と叱りまして。「あんたは評論家か」と怒鳴ったことも度々ありました。あんまり頭にきて、おしぼりを投げつけたこともありましたね。

山中　伝わるものはあったと思います。社会に出て、そこまで本気で叱ってもらえる機会はありませんから。

稲盛　そうですね。それこそ信念を持って懇々《こんこん》と説くしかないんですね。そうやって来る日も来る日もみんなをとっ捕まえて叱っていたらですね、「なるほどそうかもしれない」と思う人間が出てくる。1人出てくると、2人、3人と続けて出てきて、そこからはドミノ倒しのように一気にフィロソフィが浸透していきました。そもそもJALに何の関係もない年寄りが、給料ももらわずに朝から晩まで必死でそんなことを説いている。その姿を見ているうちに、自分たちの会社なのだからそれ以上に全力を尽くさなければいけない、と思ってくれたのかもしれません。

山中　そこは京セラ創業から培われてきた人心掌握術というか、やはり稲盛さんだからできたことなのでしょうね。

稲盛　ただ叱る一方ではなしに、理解してもらうためには人間としての信頼関係が必要です。そこで京セラが創業からやっていた「コンパ」というコミュニケーションツールを持ち込みました。

山中　コンパというと、飲み会ですか。

稲盛　ええ。会議で侃々諤々《かんかんがくがく》の議論をしたあと、会議室に長机とパイプいすを並べて、コンビニで買ってきた缶ビールとおつまみで和気藹々《あいあい》とやるんです。潰れてお金がない会社ですから、最初は私のポケットマネーで、そのうち一人会費千円を徴収しました。そうやって一杯飲みながら話すとちょっと心を開きますから、いろいろと反論を言い始める。言わせておいて、「そりゃあんた、おかしいよ」などと話す。ここで再建へのいろんな課題を侃々諤々とぶつけ合った効果は大きかったと思います。幹部たちも経営に興味を持ち、面白くなったんだと思います。そうなると、もともと航空に関する知識が豊富で有能な社員が多いので回復は早い。目に見えて業績も上がっていきました。

山中　意識が変わると行動が変わる、ということですね。

稲盛　マニュアル主義だと言われていた日本航空のサービスがみるみるうちに改善していきました。全社員がお客様のことを第一に考えて、心のこもったサービスを自発的に提供できるようになり、搭乗されたお客様から感謝のお手紙をいただくまでになりました。

また部門別採算制度の効果も大きかったと思います。それまでのＪＡＬは、幹部も社員も数字に関心がなかった。そこで業績データをきちんと開示し、採算意識が生まれると、社員たちは納得して業務改善に取り組んでくれました。たとえば、機内販売も自分たちで企画して販売してほしいと指示すると、キャビンアテンダントたちは、お客様がどういうものをほしがっているかを徹底的に市場調査し、自分たちで仕入れもするようになりました。良い商品をより安く販売することで、利益をあげられるシステムを見事に作りました。整備部門も、油だらけの手袋を捨てずに、家で洗って再使用したいと言いだした。現場のマインドがみるみるうちに変化したんです。

●どうせ研究するなら思い切り高い山を目指そう

山中　稲盛さんが言われた「エンドレスの努力をしよう」という決意、それを体現するようなＪＡＬ再生への惜しみない努力を伺いながら、非常に触発されるというか、私自身も、自分の夢にまっすぐ向かう勇気と希望を、あらためて与えていただいた気がします。

稲盛　それは嬉しいですね。

山中　私が京都大学ｉＰＳ細胞研究所の所長として心がけているのも、３００人いる研究者を含めた教職員全員に向けて、「われわれが目指すのはあの山の頂なんだ」と目的地をはっきり示すことなんです。あくまでもあの山、あの頂にたどり着くために山を登るんだと。そうでないと単に山を散策するだけで終わってしまうんですね。

稲盛　ほう、そうなんですか。

山中　はい、そういうことはよくあります。山の中を何となく散策して、あるいは山の周辺を気持ちよく散歩しただけで終わってしまう。それはそれで楽しいし、学生もなんか自分は研究しているという気になっているんですね。で、「おいおい、君はいったいどこに行きたいの」と尋ねると、ちょっとその辺を散歩したら僕としては満足なんです、という感じになっている。いや、僕たちが登るのはあの山でしょ、あの頂に向かって登るんでしょと。迂回ルートでもいいから、ちょっとずつでも山頂に近づくための研究や実験ならいくらでもやってもいいと、でも適当にやっているんだったらそれはやめようよと。

稲盛　最初に研究所のリーダーである山中さんが、あの山の、あの頂にいくんだと示しているわけですよね。それなのに散策になってしまうのはなぜなんですか。

山中　私自身の経験からも言えるんですが、研究者が研究のモチベーションを維持することはけっこう難しい、ということがあります。とくに目指す山が高いほど、モチベーションは維持しにくくなる。

稲盛　それは、山中先生もそうだったということなんですか。

山中　はい。私の場合は臨床医から基礎研究に移ったわけですが、どちらも目的は患者さんの病気を治すことで、それがモチベーションになることも同じです。つまり目的地は同じあの山、あの頂なんです。ただ臨床医のときは目の前の患者さんの病気を治すのが仕事で、治るにせよ治らないにせよ、ある程度短期間に結果がはっきり出ます。一方、研究者というのは短期間では患者さん一人治すこともできません。その研究を長く続けていって成果を出す、あるいはまた、ほかの研究者へと研究成果がバトンタッチされていくことによって、10年20年もしくは100年という単位で今まで治らなかった病気を治せるようになる。何千人、何万人という患者さんの病気を治すことができる。私自身、臨床医はやめるけれど基礎研究という違う形で患者さんに貢献したいという思いで、研究の世界に転向したのですが。

稲盛　そうでしたね。

山中　ただですね、実際に研究をやり出すと、最初のうちは目の前の実験結果に一喜一憂して非常に楽しい毎日なんですが、数年経つうちに、これをやっていてほんとに患者さんの病気が治せるんだろうか、という疑問がわいてくるんです。たとえば遺伝子の機能が一つわかったと、それはそれで論文という成果にはなるんですが、それがそのまま病気の治療につながっていくわけではない。しかもそうした成果も、ほんのたまにしか起こらないわけです。苦しんでいる患者さんの病気を治す、という高い頂にいきたい。その気持ちはあるのだけれども、このネズミを使った研究をしていて本当に私はそこまでいけるのかと。

稲盛　なるほど。

山中　そこらへんの低い山の頂だったらいけるかもしれない、けれども、あんなはるかに高い山の頂にはちょっといけないんじゃないかと。ずるずるとモチベーションが下がってくる。実際、自分にはもう無理だと。これだったら臨床の現場に戻って一人一人の患者さんの診療をするほうがよっぽど世のため人のためになるじゃないかと。あとちょっとで臨床医に戻りかけたんですね。ところが、たまたま奈良先端大という素晴らしい研究環境を持つ大学院で雇ってもらえて、もうちょっと研究してみようと。そのとき自分のなかで決めたのが、どうせ研究をやるんだったらおもいっきり高いところを目指そうと。最初から一番を目指さなかったら、最初から志を高く持たなかったら、良い結果など生まれるはずはない。だから、てっぺんを目指そうと。

稲盛　そうです。

山中　そこから運よく、高橋君や多くの素晴らしい同僚にも恵まれて、iPS細胞ができたんです。

稲盛　同じ研究開発でも、われわれのような製造業の場合は納期があったりしますから、比較的短期間に結論を出しますが、基礎研究の世界は大変ですね。それこそ海図も羅針盤もなく大海に漕ぎ出すようなものでしょう。山中先生だけではなく、人知れず研究に打ち込んでいる多くの研究者も、そうした葛藤を抱えてらっしゃるのかもしれませんね。

山中　研究者や職員たちがモチベーションを維持しやすくすること、それが今自分がするべき仕事だと考えています。その最も大事なことのひとつが「あの山、あの頂に登るんだ」と目標をはっきり示すことで、それを「ＣｉＲＡ（サイラ）」という研究所の名称に示して掲げているんです。

稲盛　研究所の名称というと、京都大学ｉＰＳ細胞研究所のほうではないんですか。

山中　文部科学省に申請した正式名称は京都大学ｉＰＳ細胞研究所です。初めは設立に向けてのとりあえずの仮称だと思っていたんですが、大学側からもう文科省にも出したのでこれは変えられませんと。でも英語の名称、英名は先生が自由につけていただいて結構ですと言われて「Center for iPS Cell Research and Application」とつけました。「ＣｉＲＡ」はその略称です。

ｉＰＳ細胞研究所を直訳するとCenter for iPS Cell Research、そこで終わるんですが、私はどうしてもResearch and Application、Applicationを絶対つけてくださいとお願いしたんです。このApplicationが私たちが目指す臨床応用です。

稲盛　なるほど、所内の研究者や職員だけにではなく、世界中の研究者に向けて研究所の存在目的、目標を掲げたんですね。

山中　そうです。CiRAは基礎研究だけではなく臨床応用を目指す研究所ですと。日本語の名称には入れられなかったけれど、英名だけでも、これはもう絶対に入れたかったんです。CiRAは病気を治すために研究をする。論文というのはその途中の目標にしかすぎないと。そこをはっきりさせると、集まってきてくれる教授、研究者、スタッフが変わってきます。

稲盛　それはそうでしょうね。

山中　よりモチベーションの高い研究者や臨床医が集まってきてくれています。とくに臨床医は私以上にモチベーションの高い人が多い。私はもう直接患者さんを診る機会はありませんが、彼らは現役の医者として患者さんを診て、その患者さんのiPS細胞を作っています。これは今までにはなかった初めての研究なんですね。今まで実験室でやっていた研究は、ネズミを使ったり、人間の細胞であっても誰の細胞なのかわからない、あるいは何十年も前に亡くなった方の細胞であったり、そういう細胞を使って研究していました。一方、iPS細胞というのは、ある患者さんの細胞であったり、その患者さんのお母さんの細胞であったりする。匿名化はしていますが、特定の方の細胞を使った研究なのです。

iPS 細胞研究所（CiRA）研究棟（京都大学 iPS 細胞研究所提供）

稲盛　そう考えると、ｉＰＳ細胞という万能細胞の発見は、臨床の現場で患者さんの病気を治してあげたいと苦心されていた多くのお医者さんたちにとっても、非常に希望の光と言いますか、勇気を与えたんでしょうね。

山中　そう思います。ｉＰＳ細胞の技術ができたことで、無理かもしれないと諦めかけていた高い山に、頑張ればいけるかもしれないと。とくに難病の患者さんを診療している多くの臨床医、多くの研究者にとって、大きな希望の光、勇気になったと思います。

稲盛　それはそうでしょう。麓《ふもと》から見上げていたときより、はるかに近づいて見える。

山中　はい。私自身にとってもそうでした。山の麓でうろうろしていた頃は、雲の上にあるあんな高いところまで本当にいけるのかなと思っていました。それがｉＰＳ細胞というツールをもらって、山の中腹あたりまで登ってきて見ると、あそこまでなら頑張れば何とかいけるかもしれないと。また最後に、非常に険しい絶壁のような難所が残っていますが、ここまできたらいけるんじゃないかという希望、最後まで頑張ろうという勇気を与えてくれたのがｉＰＳ細胞技術なんです。

稲盛　山中さんも短期間とはいえ、お医者さんとして直接患者さんと接してこられて、患者さんの苦しむ姿を目にしてこられていますから、その経験はモチベーションとしては大きいでしょうね。

山中　はい、それが私の原点だと思っています。ただＣｉＲＡの所長として私が今心がけているのは、ｉＰＳ細胞技術というツールを使うことで、医者でなくても病気は治せるんだ、ということ。それを全教職員に徹底して伝えています。

稲盛　ほう。

山中　ＣｉＲＡで働いている３００人のうち、臨床医の方はごくわずかです。理学部や農学部など他学部出身の研究者、あるいは大学院生や若い研究者たちは、ＣｉＲＡの目標は臨床応用だとはっきり示しても、どうしても「自分は医者じゃないから」という考えがベースにあります。それでは高いモチベーションは維持できません。ですから、そんなのは関係ないんだと。医者であろうと医者でなかろうと、この研究をやることで患者さんの病気を治せるようになるんだと。そのあたりの意識の改革、マインドセットを変える必要が相当にあると感じています。ですから、さきほどの稲盛さんのＪＡＬのお話を伺って、非常に勇気をもらいました。やはり部下に夢を見させること、そのためにはビジョンを語り続けることが大事なんだと。

●iPS細胞研究のベースキャンプを作りたい

稲盛　ｉＰＳ細胞の作製技術ができたことで、山中さんの研究所をはじめ、世界中の研究機関、研究者が一気に山の頂上に向かって登りだしたわけですが、それこそエベレストとかマッキンレーといった、天を突くごとくそそり立つ厳しい山でしょうね。そこでｉＰＳ細胞の生みの親である山中先生は今、山のどのあたりから、どこの頂上を目指しているんでしょうか。

山中　今いるのは、ベースキャンプです。

稲盛　ほう。

山中　iPS細胞研究の場合、病気の数だけ山があって、それぞれのエキスパートがそれぞれのルートで頂上を目指して懸命に山を登っています。私たちは下で、ベースキャンプからそれを見守る。あるいは必要な支援をする。それが私の日本でやるべき仕事だと考えています。今はそのベースキャンプをしっかり作ろうとしているところです。

稲盛　具体的に言いますと、そのベースキャンプでどういうことをするんですか。

山中　ひとつは山を登るのに必要なものを調達する、あるいは支援することです。山を登るにはいろいろなものが必要です。それぞれ目指す頂上は違っても、必要となる道具は共通のものも多い。そうした必需品をベースキャンプに集めておけば、みんなが買わなくてもすむ。このチームが使い終わったら今度はあちらのチームにどうぞと、そういうこともできるんですね。

稲盛　共通のものというのは、どういうものになりますか。

山中　たとえば知的財産です。iPS細胞技術の重要な特許を国立大学である京都大学が取得し、広く国内外の研究者や企業に使っていただける環境を作ることに力を注いできました。そのためにCiRAに知財部門を作り、知財の専門家を雇用して、これまでに約30カ国で基本特許を取得しました。また、講習会や実技トレーニングを開催して、最新の方法でiPS細胞を作製する技術の普及にも努めています。そういうところをしっかりすることも私たちが心がけている仕事です。

稲盛　山中先生ご自身は、山を登らないんですか。一緒に登りたくならないですか。

山中　私の気持ちとしては一緒に登りたいんです。そのほうがやっている気持ちになりますから。でも、そうすると見えなくなることもいっぱいあるんですね。必死で登っている人は、自分がいるところしか見えてなくて、結果、絶壁に阻まれてもうだめだ、もう一歩も進めないと。でも、ちょっと離れて下からそれを見ていると、いや、もうちょっと右にずれてみれば行けるよと。研究のなかで、そういうことはよくあります。

稲盛　なるほど。山中さんの話を聞いていると、ものすごく高い山の途中まで登ってこられ、ハーケンを打ち込む場所もなく、うろうろとしなければならないし、寒さも増してくるし、絶壁でビバーク（緊急に野営すること）しなきゃならんかもしれない。そんな中で資金の問題など何とか乗り越え、高い頂まで近づきたい。まさにそんな感じがしますね。

山中　ちょっと前までは先頭に立って山を登りたいと思っていたんです。今でも私個人が目指すひとつの頂点はあって、アメリカに持っている自分の小さな研究室で細々と研究は続けているんですが、月に数日くらいしか行けないので、1歩か2歩ずつしか進まない。ですからおそらく、どの頂点にも自分自身はいけないと思います。だからそれぞれのエキスパートにいってほしい。それをいかにバックアップできるか、どうすれば彼らが安全に山を登れるか、それを考えるのが自分の使命だと思っています。

●マラソンか100メートル走か

稲盛　iPS細胞を中心とした再生医療研究には、政府は2013年から長期的な支援を行うそうですね。この支援は京大のiPS細胞研究所だけでなく、日本国内の研究機関に対しての支援ということですね。

山中　はい。京大を含めた国内の研究機関で行うiPS細胞関連の研究に多額の支援を10年間にわたって続けていただけることになりました。研究を推進するにはいかに継続的なサポートをしていただけるかが非常に大切なので、非常にありがたく思っています。ノーベル賞受賞発表時の会見でも申し上げましたが、国の支援がなければiPS細胞は生まれませんでした。ノーベル賞は日本という国、日本の国民が受賞したんだと思っています。

稲盛　それだけ政府はｉＰＳ細胞などの先端研究を成長分野として重視しているんでしょう。また日本だけでなく、各国が国の威信をかけた国際技術開発競争になっている。それだけに山中先生に大きな期待がかかっているでしょうから、プレッシャーも大変なのではないでしょうか。

山中　たくさん期待していただいていると思いますし、いろいろな方からプレッシャーで大変でしょうと言われるんですが、じつはそういうプレッシャーはあまりなくて。

稲盛　それは素晴らしいですね。

山中　多少、鈍感なのかもしれないですけども、まあ最後は死んだらしまいやと（笑）。自分がやるべきことは一緒なんですけれども、誰かに期待されてやっているわけではなくて、私のなかでは自分がそこまでやりたいからやっている。そういう意味では周囲の期待に対するプレッシャーは感じていないんです。ただ自分の思っていることができるかどうかという、自分に対するプレッシャーはあります。

稲盛　それは非常にいいことだと思いますね。周囲からの期待をプレッシャーに感じてしまうと、本来もっていた純粋な目的を忘れてしまい、それが問題を作っていくことが多いですから。そういう意味ではプレッシャーを感じられないということは非常にいいことだと思いますね。

山中　iPS細胞という技術と出会ったことは研究者として非常に幸運であったと思います。でもそのぶん、非常に重い責任を感じています。というのもiPS細胞はできましたが、それで病気が治った患者さんはまだ一人もいません。iPS細胞技術そのものをより安全にして、それを多くの方に使って研究開発していただいて、初めて患者さんのもとにいきます。元臨床医としては、そこまでいって、ようやく自分も納得できる。役に立たないと意味がない。そこはやっぱり技術者としての遺伝子が濃いんだと思います。

稲盛　それはやっぱり、お父様、おじい様から受け継がれたものでしょうね。

山中　ただそこにいくためには、まず自分は長生きしないと達成できないというのがありまして。祖父が48歳、父は58歳と、早死にの家系ですので。いかに早死にしないかということで、とりあえず体力をつけるためにも、マラソンを走っているんです。

稲盛　フルマラソンですか。

山中　はい。2014年の秋は神戸マラソンにフレンドシップランナーとして出場する予定です。震災からの復興支援を趣旨とする大会なんですが。もともと走るのは趣味で、奈良先端大のときは毎朝大学の構内を走っていました。京大に移ってからは、お昼休みに鴨川沿いを30分ぐらい走っています。

稲盛　フルマラソンをどのぐらいで走るんですか。

山中　2012年の京都マラソンを完走したときは4時間3分19秒でした。このときは私が完走することを条件に、クラウドファンディングと呼ばれるインターネット上の募金方法で、iPS細胞研究基金へ寄付を呼びかけました。完走できなかったらどうしようかと思いましたが、なんとか完走して1千万円以上の寄付をいただきました。2013年の大阪マラソンには大会全体の募金活動を支援する「チャリティアンバサダー」として出場したのですが、そのときは4時間16分38秒でした。

稲盛　すごいですね。

山中　走るのは体力をつけるためでもあるんですが、研究者としても、マラソンという競技から本当にいろいろなことが学べるんです。

稲盛　ほう。

山中　同じ走るにしても100メートル走を走るのと、マラソンの42・195キロを走るのでは、当然ですが走り方がまったく違ってきます。100メートルを走るのであれば、スタートダッシュからゴールまで、それこそ死にもの狂いで走る。後先のことは何も考えず、とにかく100分の1秒でも早く走ろうと。

稲盛　そうです。

山中　マラソンでそれをやると必ず途中で力尽きてしまい、ゴールまで走れません。走れたとしても、最後はもう這っていくようになってしまう。完走しても散々なタイムになる。ですからマラソンを走るうえでもっとも大事なことは、ペース配分なんですね。スタートする前にゴールまでのペース配分をきちんと考えて、いかにそれを守れるか。途中でちゃんと水分や栄養補給もしながら、ペースを乱さずに走りきれるか。身体を使うスポーツのようで、じつは非常に頭と経験が要求される競技だと、20年走って実感しているんです。

実際、20代のときからマラソンを走っていて、今よりも体力も走力もはるかにあったわけですが、タイムは今のほうが速いんです。若い頃はペース配分が守れなくて、最初に飛ばしすぎて途中から這うような感じになってゴールにたどり着く。何度もそれで失敗して、今度こそ自分のペースを守ろうと思うんですが、またしてもやってしまうんですね。

稲盛　それは何でそうなってしまうんでしょうか。

山中　けっきょく周りが速く走るので、抑制できない。オーバーペースになってしまうんですね。でも今は、自分の力が落ちてるというのもわかりますし、科学も進歩してGPS機能付きの腕時計に自分の時速が表示されますので、自分のペースを守れる。結果的に、若い頃よりもタイムが上がっているんです。

研究も同じです。臨床医をしているときは、目の前の手術が一人の命に直結しますから、何時間かかってもともかく手術をやり抜く。終わった瞬間にぶっ倒れようが、とにかくやりきる。でも、研究の場合は10年20年30年の単位ですから、いかにマラソンと同じようにペースを守っていくかが大事で、決してオーバーペースにならないということを心がけているんです。

稲盛　私の場合は、山中先生がおっしゃったのとまったく反対ですね。

山中　稲盛さんは京セラを作られた瞬間から、ずーっと100メートル走の全力疾走ですね。

稲盛　はい、自分は全速力で走り続けようと。いやいや、会社経営はマラソンと同じで、全力で走ったのでは後まで続かないよと、みなさん言うんですが、いやそれでは本当の競走にはならんではないかと。だいたい自分は会社経営の経験もないド素人なんですから。そのド素人が、ちんたら走っとったんじゃ、自分は走っているつもりかもしれないが、全然勝負にならんではないかと。

山中　なるほど。

稲盛　走り切れなくてもいいと、最初の5キロ10キロだけでも一流選手と伍していこうという思いがなければ、勝負になりっこないと。だから自分は最初から全力疾走でいこうと。で、周りは「いつまで続くものか」と見ていたんですが、走っているうちにそれが自分のペースになったと言いますか。習い性になって、今日まで全力で走ってきたということですね。会社を作ってしばらくは無名なので大企業は相手にしてくれない。アメリカの大企業に売り込もうと英語もしゃべれないくせに行ったぐらいなんですから。せっかく作ってもらった会社を倒産させたら、大変な迷惑をかけるのでもう必死で働きました。そうやって全速力で走っている途中で、最初に大阪証券取引所第2部に上場し、次に東京証券取引所第1部に上場し、というふうに株式上場していきました。で、さらに頑張って走っていたら、しばらくしてソニーを抜いて株価が日本一になったんです。それはやっぱり、最初から全力で走ろうと決めて、必死になって先頭集団に追いつこうという意気込みで走り続けたから、実を結んだんだと思うんですね。

山中　そのとおりですから、説得力が違いますね。

稲盛　私は7人きょうだいのなかでも足が遅くて、マラソンはおろか、小中学校でかけっこの選手になったこともありません。でも、マラソンという競技は大好きで、日本の3大マラソンは必ずテレビで観ています。どの辺の時点で前に出るのか、ここでどう駆け引きするのか、そういうのをハラハラしながら観るのが非常に好きなんです。京セラにも陸上部を作りまして、1992年のバルセロナ五輪のときに、山下佐知子という京セラの所属選手がマラソンに出場しているんです。

山中　そうだったんですか。バルセロナのオリンピックというと……。

稲盛　有森裕子選手が日本の女子マラソンで初めての銀メダルをとった、あのときです。でも行くまでの下馬評では、山下佐知子が優勝するのではないかと言われていたほど、非常にいい記録を出していたんですね。

山中　それはもう、力が入りますね。

稲盛　はい、それはもう。日本を発つ前にも壮行会を開いて励まし、当日もちょうど出張でヨーロッパに行っていたものですから、スペインまで応援にかけつけました。そのとき彼女に言ったのが、必ず先頭集団についていけよと。途中で先頭集団から離れてしまったのでは、もう勝負にならんと。目標が完走することならそれでいいのかもしれないが、優勝まで狙うならトップ集団から離れてはならんと、絶対に最後までついていけよと言って励ましたんです。で、本人も「わかりました。頑張ってついていきます」と。ところが、ついていってないんですよ。猛暑で大変な日だったんですが、途中から先頭集団についていけなくなって、けっきょく5位でした。最終的には、4位の選手がドーピングで失格になったために4位に繰り上がったんですが。

山中　表彰台には届かなかったけれど、入賞はされたのですね。

稲盛　いや、問題は順位よりも試合後のインタビューだったんです。

山中　何とおっしゃったんですか。

稲盛　8位を目標にしていたので5位に入れてよかったです、と。本人がそう答えているんです。もう帰ってから、コテンパンに叱りました。お前、行く前に優勝を狙うと言ってただろうと。

山中　いやあ、まさに自分の走り方を考えさせられてしまうお話でした。マラソンでも研究でも、私は一番というより、自己ベストをいつも目指していたんですね。マラソンを走るときによく体育の先生から言われたのが、棄権する勇気もないとダメだと。

稲盛　棄権する？

山中　途中で走るのをやめるのも勇気だと。

稲盛　勇気。

山中　そのまま走り続けるのも勇気だけれども、やめるのも勇気だ。ペースを落とすのも勇気だと。この言葉がずっと私の中にあって、研究者としても、自分の中ではもっと走りたい、もっと速く走りたいという思いがありながら、でもそういう走り方をしてどうなんだろうかと。そういう葛藤みたいなものがあって、迷いながら走っているんですね。

稲盛　研究者になってからずっと、その葛藤や迷いを抱えながら走ってこられたということですか。

山中　若い頃は、いやつい最近までは、全速力で突っ走っていました。もうほんとに睡眠時間を削りながら、研究に没頭していられたんです。それがiPS細胞ができて、ものすごい注目と期待が集まるようになった。そのあたりから「ちょっとこのペースで自分はゴールまでいけるのだろうか」と思うことが増えてきたんです。それで、あらためて自分の役割はなんなんだろうかと考えたんです。自分が走ることなのか、それとも、他の人に走ってもらうための環境を整えることが、自分の役割なのかと。

稲盛　なるほど。それがさきほどのベースキャンプの話につながるんですね。

山中　iPS細胞ができる前までは、自分は完全にランナーでした。自分が走ってゴールまでいくんだ、世界のトップレベルの研究者たちと競っていくんだと。それこそ先頭集団についていくんだと。それがiPS細胞という自分でも思ってもみなかった技術に出会ってから、現役の選手として走りたいと思う自分がいる一方で、走るのは他の優秀な選手にまかせて自分は監督をやるべきだという思いが湧いてきたんです。

稲盛　私もセラミックスの技術者として自分で研究や技術開発をしてきましたから、わかるような気がします。ただ、さきほども申しましたとおり、私自身はペース配分という発想がなくきたものですから、今振り返るとほんとうに若さというのは、体力もあるしすごいものだなと思いますね。

山中　第二電電、今のKDDIを作られたのは、何歳のときだったんですか。

稲盛　52歳ですから、ちょうど30年前です。

山中　というと、京都賞を創設されたのと同じ年ですか。

稲盛　そうです。１９８４年に稲盛財団を設立して京都賞を創設しました。第二電電を設立したのもこの年です。もうひとつ、「盛和塾」という中小零細企業の経営者を対象に私の経営哲学をボランティアで教えている経営塾があるのですが、この塾を立ち上げたのも1983年でした。

山中　3ついっぺんに。すごいエネルギーですね。京セラの経営は他の方にまかせてでも、やはりどれも今やらねばならないと思われたのですか。

稲盛　いえ、京セラの経営もやりながらです。社長はしりぞいて後継者にやらせておりましたが、会長としてあいかわらず経営の仕事はしていました。それをやりながら、第二電電、稲盛財団と京都賞、盛和塾と立ち上げて、3本同時に走らせたというか、自分が全力で走っていました。

山中　それは、ほんとうにすごいな。じつは、私もちょうど今年（2014年）、52歳なんです。

稲盛　そうですか、それはもう、これからですわ（笑）。

山中　いや、ほんとうにいろいろな意味で衝撃的なお話を伺って。自分の走り方を、ここから自分がどういう走り方をするかをもう一度よく考えないとダメだなと。さきほどからずっとそれを考えていたんです。

稲盛　山中さんは、すでにiPS細胞研究所という世界最先端の組織を統轄されて、iPS細胞の臨床応用に向けて研究に邁進しておられる。私もお話をしていて感じるのは、ここから更に伸びていかれるだろうなと。52歳という若さからしても、まだまだこれからだと思いますね。

「叱る勇気がなく、部下の機嫌をとっている上司では会社を伸ばせない」と稲盛氏

第5章

真のリーダーとは

心意気で動いてくれる人を大善の心で叱る。

●iPS細胞の3つの可能性

稲盛　ところで山中先生の研究所、CiRAは設立されてから、どのくらいたつんですか。

山中　今年（2014年）でちょうど5年目です。2010年2月にCiRA研究棟が京都大学医学部附属病院西構内に完成し、4月1日にiPS細胞研究所が設立されました。

稲盛　私はまだ伺ったことはないのですが、一般の方の見学も受けいれているそうですね。iPS細胞研究の拠点となる世界最先端の研究所の長として、山中先生の研究に対するお考えや要望も入れられたのだと思いますが。

山中　所長として心がけたのは、研究者支援の充実と、研究者同士が交流しやすい環境づくりでした。留学していたグラッドストーン研究所を参考にして、良いところは取り入れました。とくに私がお願いしたのは、実験スペースを複数の研究者が共有するオープンラボです。

稲盛　オープンラボというと、仕切りがないんですか。

山中　はい、実験スペースでは、壁や仕切りを極力排除しています。仕切りをなくすことで研究所の風通しがよくなり、研究者同士の自然な交流が生まれます。これが研究に大いに役立つんです。

稲盛　なるほど。

山中　ＣｉＲＡはｉＰＳ細胞の基礎研究から臨床応用研究までを一貫して研究する研究所です。オープンラボにすることのメリットは、たとえば臨床応用の研究をしている研究者が、ｉＰＳ細胞作製の基盤技術を研究している研究者からいち早く最新の情報を入手して、それを生かして実験方法や研究の道筋を修正することができる。わからないことがあれば、気軽に聞きにいくこともできます。

稲盛　そういうオープンな、研究者同士が交流しやすい環境は、日本の大学や研究所にはあまりないのではないですか。

山中　日本の研究者は、研究室を主宰すれば一国一城の主として君臨します。また、日本の多くの研究機関では研究室ごとに壁で区切られた実験室を使用していますから、違う研究グループの研究者とはめったに話さないこともしばしばです。そうなると研究者同士の交流は生まれにくいし、研究の進展にも影響するのではないかと思います。

稲盛　たしかにそれでは、ひとつの目標に向かった全員の協力態勢は望めませんね。

山中　ですからCiRAの場合は、独立国ではなく共和国のイメージにしたかったんです。実験台が仕切りのないオープンなフロアに横一列にズラリと並んでいて、それぞれの研究室のメンバーがそれぞれの研究をしています。

稲盛　でも、それまで独立国で君臨されていた大学教授の先生なんかは、なじまない方もいらっしゃるでしょうね。

山中　もちろん、違和感を持つ方もいると思います。ですから採用の段階から「CiRAのスタイルはこうです、それでも大丈夫ですか」と確認してから、きてもらっています。全員が協力態勢をとれるような人選をこころがけています。

稲盛　全員が目標を共有する、その実現に向かって一致協力できるかどうか。民間企業においてもそれは非常に大切です。そのために何をすればいいのか、それを考えるのはリーダーの大きな役割だと思います。京セラもそうでしたが、CiRAの場合も、一から新しく立ち上げる研究所だったから、それができたんでしょうね。

山中　そう思います。ほとんどの研究者、スタッフを新採用する新しい研究所だったからできたことだと思います。

稲盛　さきほど、CiRAという研究所はあくまでも病気を治す、臨床応用を目指す研究所だとおっしゃいましたが、具体的に言うと、iPS細胞の臨床応用にはどういったものがあるんですか。

山中　iPS細胞を使った医療応用の可能性は大きく3つあります。ひとつは再生医療で、病気や怪我などによって失われてしまった機能を回復させることを目的とした細胞移植による治療法の開発です。iPS細胞がもつ分化多能性を利用してさまざまな細胞を作り出して、それをシート状にして病気の臓器に貼り付けたり、細胞を移植することで機能を回復させるというものです。

たとえば糖尿病であれば血糖値を調整する能力をもつ細胞を作って移植する、あるいは神経が切断されてしまうような外傷を負った場合には、失われたネットワークをつなぐことができるように細胞を移植するなど、さまざまなケースが考えられています。

2つ目は、病気の原因の解明です。たとえば心臓病の患者さんの体細胞からiPS細胞を作り、それにストレスをかけて心筋細胞に分化させます。できた心筋細胞は患者さんが病気になる前の細胞、赤ちゃんのときの心筋細胞です。それをシャーレのなかで培養し続けることで、病気になっていくプロセスを再現することができる。それを研究することによって病気の原因を解明できるのではないかと期待されています。

稲盛　生まれたときの赤ん坊の細胞になる、細胞のレベルとはいえ、そこまで時間が巻き戻ってしまうというのは、まさに驚きですね。でも、それをシャーレのなかで培養したとして、病気になるまでには同じだけの時間がかかるわけではないんですよね。

山中　はい、それだと待っているあいだに研究者のほうが死んでしまいますから。このように体外で病気を再現して病態を調べやすくしたモデルを病態モデルと言いますが、ビデオを早送りするような感じで、プロセスを短縮して再現することができるんです。

稲盛　患者さんの体の中で起こっているのと同じことを、患者さんの体の外で観察できる。しかも時計を早回しして観察できるというのは、医療研究に革命が起こるような話ですね。

山中　そうです。たとえば脳内にある神経細胞が変化して起こる病気は、外側からアクセスすることが難しく、また変化が進んでしまった細胞からは、正常な状態がどうであったかを推測することが難しいとされてきました。しかしさまざまな患者さんの細胞からｉＰＳ細胞を作り、さらに病気の細胞に分化させ、それに病態を再

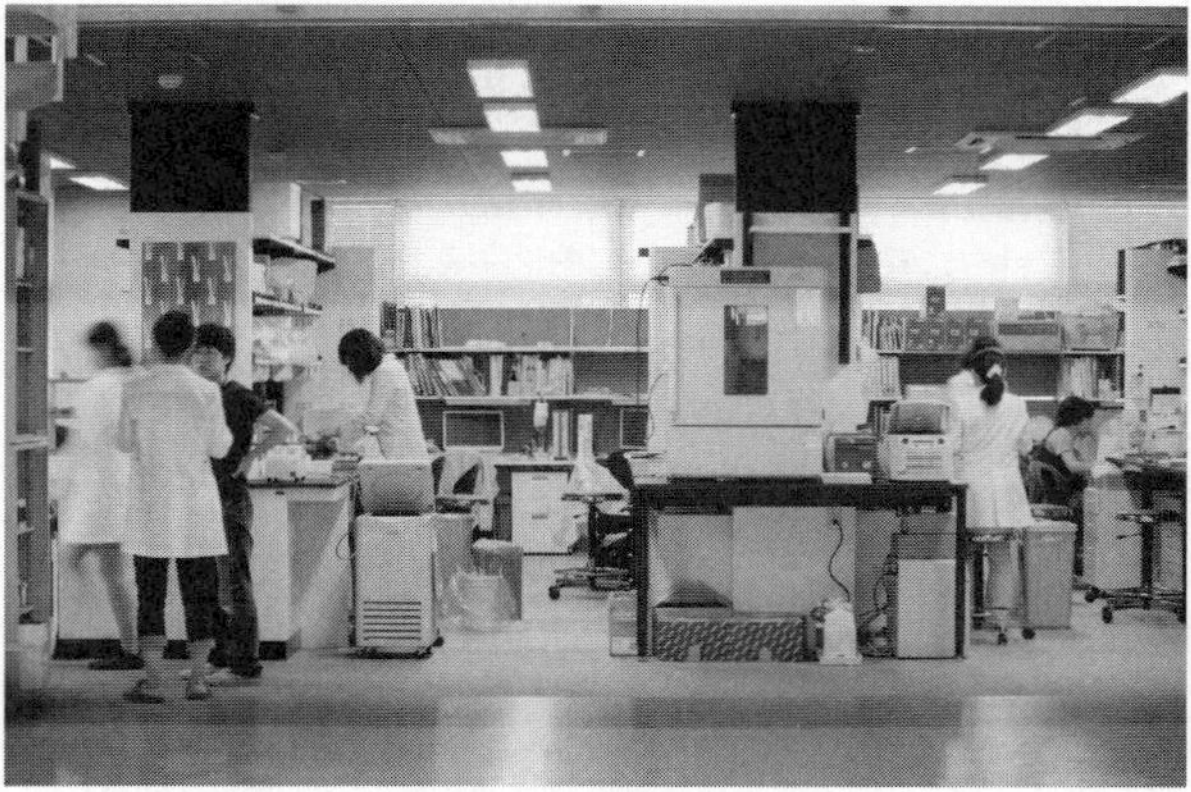

iPS 細胞研究棟内のオープンラボの様子
(京都大学 iPS 細胞研究所提供)

現することができるので、こうした研究が飛躍的に進む可能性が出てきました。

　さらに3つ目、病態モデルを使うことで期待されているのが、薬の開発です。病気の進行を食い止める薬を開発する。また薬の作用だけでなく、副作用を調べることもできます。一般的に、iPS細胞の医療応用というと再生医療のイメージが強いかもしれませんが、じつは、iPS細胞を用いた医療応用により大きく貢献できるのは創薬なんです。

稲盛　たしかに患者さんの数の多さからしたら、再生医療よりも創薬のほうが圧倒的に需要は多いでしょうね。

山中　はい、汎用性《はんよう》が非常に高いです。また病態モデルを使えば、人体ではできないような薬剤の有効性や副作用を評価する検査や、毒性のテストをすることも可能になります。そのぶん新しい薬の研究開発が大いに進むと期待されています。

稲盛　そうした3つの臨床応用の可能性に向かって、ＣｉＲＡが中期的、長期的に掲げている、具体的な目標はあるんですか。

山中　ＣｉＲＡの設立と同時に「10年間の達成目標」（2014年当時）として、研究所の内外に向けて4つの目標を掲げました。1つ目は、ｉＰＳ細胞の基盤技術を確立し、知的財産を確保すること。2つ目は、再生医療用ｉＰＳ細胞ストックを構築すること。3つ目は、パーキンソン病や血液疾患などで前臨床試験を行い、臨床試験を目指すこと。4つ目は患者さん由来のｉＰＳ細胞を使っていくつかの難病の治療薬の開発に貢献することです。

稲盛　ｉＰＳ細胞ストックというのは、血液バンクのようなものですか。

山中　そうです。輸血用の血液を保存している血液バンクのように、あらかじめ高品質で安全性の高いｉＰＳ細胞を作って保存しておき、必要なときにいつでも使えるようにするストックです。これは時間とコストという課題をクリアするために作ったシステムです。というのも、ｉＰＳ細胞を作って特定の細胞に分化させるのには、数カ月単位の時間がかかります。また、その費用も高額です。しかしそれでは治療として間に合わないケースが多く出てくる。そこで健康なボランティアの方から皮膚や血液などの細胞を提供していただき、そこから作ったiPS細胞の品質を評価し、安全性の確認されたiPS細胞をあらかじめ保存しておくというものです。

稲盛　つまり、ストックされている細胞は患者さん自身の細胞ではないということですよね。他人の細胞を使って拒絶反応の心配はないんですか。

山中　他人の細胞なので拒絶反応を引き起こす恐れはあります。しかし、なるべく反応が起きないようにする方法はあります。その鍵となるのが細胞における血液型ともいえるHLA（Human Leukocyte Antigen＝ヒト白血球抗原）です。HLAは自分の細胞と他人の細胞を見分ける際に重要な細胞表面のたんぱく質で、人それぞれに型が異なり、父親と母親から1つずつ受け継いでいます。

稲盛　ほう、細胞にも血液型があるんですか。

山中　はい。血液型の組み合わせは全部で6種類しかありませんが、HLAの組み合わせは数万種類あって、完全にHLAの型が一致するのは一卵性双生児しかいない。臓器移植で拒絶反応が起こるのも、このHLAの適合性が低いためです。しかし例外があります。多くのタイプのHLA型と拒絶反応を起こしにくい特殊なHL

A型を持つ人が存在する。このタイプをHLAホモ接合型と呼びます。

稲盛 輸血のときに、O型だけは、すべての血液型の人に輸血できると聞いたことがありますが、それと似ていますね。つまりiPS細胞技術を使って、HLAホモ接合型の体細胞から作ったいろいろな細胞をストックしておけばいいわけですね。

山中 試算したところ、最頻度のHLAホモ接合型の方1人で日本人の20%に対して拒絶反応の少ないiPS細胞を用意することができます。75人で80%、140人で90%の日本人をカバーできるんです。

稲盛 すでにそのストック用のiPS細胞の作製は始まっているんですか。

山中 昨年(2013年)からストック用iPS細胞の作製をスタートさせました。これには、iPS細胞の評価方法を確立できたこと、ヒト以外の動物由来の成分を含まない条件でも効率よくiPS細胞を樹立・維持培養することができる方法を確立したことが大きく貢献しました。

●最大の課題は雇用の安定

稲盛 さきほど研究所の目標は「病気を治すための臨床応用」であると。しかし、その高い山を登るためには、基本技術の研究からストックの構築、臨床試験、薬の開発、知財確保まで、実にたくさんの課題を同時に攻めていかなければならないわけですね。実際に登るのは、それぞれの分野の研究者、専門家の方ですから、みなさん士気は高いと思いますが、組織のリーダーとしてそれをまとめて、目標を見失わないように指揮する。大変なことだとお察しします。

山中　ＣｉＲＡは３００人体制の組織ですが、ｉＰＳ細胞技術の臨床応用を目指して、それぞれが高い専門性とモチベーションをもって頑張ってくれています。ほんとうに大事な仲間です。ＣｉＲＡを設立したことで、私は一研究者から組織の運営責任者に、ある意味で経営者に近い立場になったのですが、そこはまったく違う能力、違う資質を求められているのを感じます。

稲盛　そうでしょうね。

山中　研究者としてのトレーニングは受けてきましたが、ＣＥＯ（最高経営責任者）としてのトレーニングはまったく受けていません。父にも「経営者には向いていない」と言われており、自分でも自信がない。ですからグラッドストーン研究所のロバート・メーリー所長から教えられたＶＷ、ビジョンを持って一生懸命やるしかないと。ただ、自分が頑張ってもどうすることもできない問題もあります。最大の課題は雇用の安定、雇用の継続性なんです。

稲盛　やはり国立大学の研究所ですから、民間企業とは大きく違うんでしょうね。

山中　国立大学法人の研究所には教員と事務職員の2種類のいわゆる正職員がいますが、ＣｉＲＡの場合は20名ほどが正職員です。一昔前までは、教員と事務職員だけで研究の大部分ができたのかもしれませんが、状況は大きく変わっています。ひとつの研究テーマを追究するにも、さまざまな専門技術をもった研究支援者が必要になっているからです。たとえば研究成果の実用化には特許を取得することが重要ですから、知財専門家が必要です。同じように産学連携をするためには契約担当者が、また研究成果を一般の方に発信する広報の専門家、厚生労働省などの規制に対応する専門家も必要です。さらに、複雑化している実験機器を使いこなせる経験豊かな技術員、ラボ運営の補助をする秘書の重要性も高まるばかりです。ＣｉＲＡで働いている約３００人の教職員のうち、ＣｉＲＡが直接雇用している研究者、研究支援者は２００人ほどです。そのうち９割、約１８０人が最長5年間の有期雇用契約で働いているのです。

稲盛　２００人のうち正職員は20名ほどだとすると、研究者のなかにも有期雇用の方が多いということですね。

山中　私たちの最大の課題である雇用の安定と継続性には、２つの大きな壁があります。そのひとつは２０１３年４月の改正労働契約法です。有期労働契約が反復更新されて通算５年を超えたときは、労働者の申し込みにより、期間の定めのない無期労働契約に転換できるルールです。これは民間企業で働く有期雇用者を雇い止めなどから守るための改正なのだと思いますが、大学の研究所で働く有期雇用者はかえって苦しくなります。無期労働契約への転換は現在の大学のシステムでは困難なため有期雇用者は５年たった時点でやめてもらうしかなくなる。法律で再雇用はできないからです。

稲盛　それは厳しいですね。むしろ雇い止めを促してしまうことになる。

山中　政府もそれを懸念して、２０１３年末になって、改正研究開発力強化法が成立し、特例として研究職は10年に延長しますということになったわけですが、５年が10年になっただけで、むしろ状況は複雑になりました。たとえば現在30歳ぐらいの有期雇用の教職員は、５年後ならまだ30代で潰しが利きます。ところが10年経つと40代になってしまい、そこからどこかに行けと言われても、かえって難しい状況になるからです。

稲盛　なるほど。もうひとつの壁というのはどういうものですか。

山中　国からいただいている研究資金の種類です。ＣｉＲＡは年間約40億円という大変に大きな研究費を国からいただいています。そのうちの９割は競争的資金といわれる研究費です。競争的資金とは、文部科学省、厚生労働省、経済産業省などが1年間から5年間にわたる研究課題を研究機関や研究者から公募し、第三者の審査を経て優れた課題に配分される研究資金です。競争的資金はモノを買ったりするには使い勝手のいいお金なんですが、人の雇用には向いていない。

稲盛　5年後も同じようにもらえるという保証がないからですね。

山中　そうです。たとえば民間企業であれば、１００人の社員がいれば１００の椅子を用意します。椅子はつねにある、ただそこにあなたが座り続けられるかどうかは、あなたの頑張り次第ですよと。あなたが頑張らなかったら違う人に座ってもらいます、でも頑張ったらもっといい椅子もありますよというのが、民間企業だと思います。

稲盛　そうです。

山中　現在、ＣｉＲＡの正規教職員の定員は20名ですから、椅子は20脚だけです。あとの１８０脚は5年ごとに、いただいた競争的資金で買うことになります。今はあるけれど、5年後にまた椅子を買えるかどうかわからない。もちろんＣｉＲＡだけではなく、ほかの大学の研究所の多くが抱える、大きな課題だと思います。

●心意気で動いてくれる人に夢を見せる力

稲盛　そういう厳しい雇用環境のもとで、数百人の優秀な研究者、技術者、専門家の方々が高いモチベーションをもって頑張っておられる。それが非常に素晴らしいことだと思いますね。われわれのような民間企業の経営者であれば、頑張ってくれた社員にはボーナスを出してあげましょうとか、いろいろインセンティブを出すこともできますが、そういうのが可能ではないと思いますから。それこそ損得を超えて山中先生のもとに集まって、高い山の頂にみんなで登ろうという心意気を感じますね。

山中　ほんとうにありがたいと思っています。たとえばCiRAには知財や契約を担当する専門のグループがあります。中心メンバーは数名ですが、彼らが頑張ってくれなければ、欧米を始めとする海外で、iPS細胞作製の基本特許を京都大学が取得することは無理だったと思います。しかしそこまで貢献してくれた彼らも全員が有期雇用なんです。なかでも知財チームのリーダーを務めていた女性は、もとももと国内大手製薬企業の知財部で活躍していた方で、昔からのご縁もあって、私がある意味引き抜いてきたんです。製薬会社にいれば定年までの雇用は保障され高額の退職金も出ます。それが京大に来たことで有期雇用になってしまい（2014年当時）、収入もおそらく激減したはずです。でも、彼女はそれでも構わないと、それこそ大義というか、仕事に使命感を感じてCiRAに来てくれました。

稲盛　その強い使命感、大義というのは、たくさんお給料をあげれば出てくるものではありません。やはりリーダーの人間性、人格、立派な考え方を持っておられるからついてくるのであって、それは何よりも大切なことかもしれませんね。

山中　そういう意味で、研究者にとって、心意気で動いてくれる人をどれだけ集められるかが非常に大事になってくると思います。雇用保障もなく、ミッションは難しく、時間はかかる。それでも頑張れるのは「臨床応用までもっていく」という高い目標があること、また公的資金という血税を使って研究しているわけですから、なんとか早く患者さんのもとに研究の成果を届けたい、そういう気持ちがみんなのモチベーションになっていると思います。ただ現実問題として、30代くらいで入ってきて、最初は独身だったのが結婚もして子供もできるとなってくると、気持ちだけではなかなかついていけない。奥さんや子供をどうやって養っていくかという切実な問題を抱えている職員もいます。田舎に帰って教員になるという人も実際に出てきていますから。

稲盛　私は素人なので勝手なことを考えてしまうんですが、山中先生がやっているiPS細胞の研究そのものを京大から離してですね、財団なのか社団なのか知りませんけれども、そういうものを作って、そこに国から研究費を出してもらって研究するということはできないんでしょうか。ちょうど理研みたいな形になるんでしょうか。そこでいろいろな特許を出していけば、ロイヤリティとか収入が全部国に入るわけですから。そのように独立してやれるようにしてもらえば、雇用の問題は解決するんじゃないでしょうか。

山中　たしかに雇用の問題は解決する可能性はあります。というのも、私たちの研究所の年間予算は9割が文部科学省などからいただく競争的資金で、多くは5年単位でまた申請するお金です。一方理研の場合は、予算の半分以上は運営費交付金といって必ず毎年政府から交付される資金なんです。

稲盛　運営費交付金というのは、5年ごとに申請したり、途中で打ち切られることはないんですか。

山中　使途は事後評価されます。競争的資金の場合は5年ごとに公募し、審査のうえで優秀な研究課題だと認められて初めて配分されます。

稲盛 アメリカの場合は、そのへんの事情はどうなんですか。

山中 基本的には変わりません。規模的にＣｉＲＡと大きく変わらないグラッドストーン研究所を例にとると、ＮＩＨ（National Institutes of Health：国立衛生研究所）から出る公的資金は5年間のプロジェクトで、金額も日本と同規模のため、国からのお金だけで優秀な人材を長期間雇用することはできません。しかしアメリカには寄付文化があり、企業以上に個人からの寄付が盛んです。グラッドストーン研究所でも、有期雇用者の人件費は年間数億円になりますが、同程度の額が寄付から捻出されています。私もグラッドストーン研究所にいくと、そうしたファンドレイジング（寄付募集）によく駆り出されています（笑）。

稲盛 日本でも京都マラソンを走ってファンドレイジングをされたとおっしゃってましたね。1千万円以上集まったのはそれだけ国民の関心が集まっているからで、すごいことだと思います。

山中 ＣｉＲＡだけの問題でなく、日本にも寄付文化を広げられたらという思いもあります。というのも、よくアメリカの研究者に「日本の研究者は入り口だけ研究しているね」と皮肉まじりに言われるからです。日本は基礎研究ですごく面白い成果はたくさん出すのにそこでやめてしまい、すぐに次の新しいネタを探しにいってしまう。そこから先の研究開発はアメリカを始め他の国がどんどんやっていくと。

稲盛　つまり日本人が扉を開けても、お金儲けの部分はアメリカがどんどん進めていってしまうということですね。

山中　日本の研究者は世界的に考えても間違いなくトップクラスだと私は思っています。ｉＰＳ細胞の技術も、多くの日本人研究者の素晴らしい仕事に助けられて発見できました。大学発の素晴らしい技術も日本でたくさん生まれています。それをどのように継続的に開発し、応用につなげていくかとなると、その後の開発を支える支援体制が残念ながらありません。国民のみなさんに広く支援をお願いするためには、ｉＰＳ細胞の研究の成果をきちんと広報していくことが大切だと考えています。そのためＣｉＲＡでは広報活動を充実させるとともに、「ｉＰＳ細胞研究基金」を創設して支援をお願いしています。

●大善の心で叱る

稲盛　民間企業と国立大学の研究所ではずいぶん事情が違いますが、組織のリーダーとして、大事な仲間の雇用を守りたいという気持ちは、ほんとうによくわかります。私も、ちっぽけな、従業員28人で始まった京セラという会社を創業して55年になります。その間、会社の経営が苦しいから、給料を払うお金が足りなくなったからといって会社をやめてもらったことはありません。大きな不況に何度もあい、工場の生産ラインの一部を止めるようなこともありましたが、仕事のない社員たちに会社の草むしりをさせながら、雇用を死守してきました。京セラの経営の目的は「全従業員の物心両面の幸福の追求」だと言いましたが、心情的には、社員という大家族を守るような気持ちでやってきたんです。

山中　よくわかります。

稲盛　運命共同体というか、生きるも死ぬも一緒というような関係でなければ、ありったけの力を出して協力しながら仕事をするのは難しいと私は思っています。それこそ、本物の家族のことは家内にぜんぶまかせて、会社にいる自分の家族を守るのと同じようにやってきました。でなければ、京セラのようにみんなが心を一つにして働いてくれる会社はできなかったと思います。

山中　ほんとうにそうでしょうね。

稲盛　そのかわり、社員がけしからんことをしたときは真剣に叱る。人前であろうと、厳しくストレートに叱りました。

山中　そういうお話はぜひとも伺いたいです。

稲盛　若い頃、会社が成長して部下が増えてくるにつれて、どう部下と接すれば良いのか悩んだことがありました。そのとき、いろいろな本を読んで勉強もしましたが、やっぱり問題があるのなら、厳しく叱っていいのだと思うようになりました。これは、若いときから今日にいたるまで一貫して実践していることです。

山中　一般的には、人前で叱るのは避けるべきだという意見が多いですね。リーダー学とか、マネジメントの本なども、そうだと思うんですが。

稲盛　アメリカのマネジメントの本にも、そう書いてありますね。周りに人がいるところで叱るとその人のプライドが傷つくとか、周りからもいろいろな目で見られるからかわいそうだとか、メンツを潰さないように別室に呼んで丁寧に話をしていかなければいけないとか。叱る側も、叱り方に気をつけて叱りなさいと。でも私はそうは思いません。必要なときは、たとえ人前でも、容赦なく、本気で叱ります。

山中　はい。

稲盛　なぜ叱るのか。部下に成長してほしいからです。それなのに、関係が気まずくなるのを恐れて迎合すれば、その部下は成長しませんし、周囲にも示しがつかない。ではなぜ叱らないのか。勇気がないからです。厳しく叱る勇気がなく、部下の機嫌をとっている上司ばかりでは、会社も伸びていきません。

とはいえ、どんな叱り方をしても良いと考えているわけではありません。私は、叱られる人の人格を傷つけるような叱り方はしていないつもりです。その人がやったこと、仕事に対する考え方に対して、「なぜお前はこういうことをしたんだ。これはこうあるべきではないか」と厳しく叱るわけです。相手の性格や人格を攻撃して、ただけなすようなことはしません。

山中　ただ、あきらかにその問題が起きた原因が、その人の人間性にあると思われるような場合もありますよね。

稲盛　もちろんあります。前に述べた人生・仕事の方程式（人生・仕事の結果＝考え方×熱意×能力）のとおり、仕事においても人生においても、最も大事なのは「考え方」だと私は思っています。ベンチャー経営者、社長になるような人は大抵、並外れた能力、仕事への熱意を持っています。出世する人の多くはアグレッシブで同時にエゴも人一倍強い。エゴの最たるものは物欲、名誉欲、色欲ですが、それらを制御せず、「俺が俺が」と傲岸不遜《ごうがんふそん》になると、私利私欲に走り、人心が離れてしまう。挙句、「もっと儲けたい」と欲を出し、儲け話に引っかかったりとつまずいていく。エゴで成功もするが、破滅もするのです。だから社員にはまず、人として正しい考え方が大事だと話しています。そして常に道理に合った決断ができるよう、エゴを抑え、心を整える努力を怠らないこと。それらをまとめた京セラフィロソフィの手帳を、全社員に渡しています。そして、間違ったことをしたら叱る。人間的にねじれた見方をする部下に対してはとくに厳しく叱ります。突き詰めて考えればその人の人間性にいきつく場合は、それこそ懇々と諭します。会議で報告された数字を聞き、叱ることも多いです。なぜ予定より売り上げが上がったのか、なぜ下がったのか。経費がこれだけかかったのはなぜか。きちんと説明ができず、また問題に対する対策も考えていないようなら、発表者を厳しく注意します。すべての数字には理由があるからです。

山中　なるほど。でも叱りすぎて部下との人間関係が壊れたというご経験はないんですか。逆恨みされたりとか。

稲盛　あまりないです。叱るときは厳しく叱りますが、ふだんの会話の中では「ありがとうね」とか、折に触れて感謝を口にしているからかもしれません。愛情が根底にあって叱るときは、遠慮はいらないと思っています。そうでなければ、本人も変わらないし、育ちませんからね。善くなってほしいから叱るのです。私はこれを

「大善の心で叱る」と言って、盛和塾の塾生たちにも推奨しているんです。

山中　大善、というのは。

稲盛　「大善は非情に似たり」という仏教にある言葉です。読んで字のごとく、大きな善行は一見すると非情で冷たく思える、という意味の言葉です。「小善は大悪に似たり」という言葉もあります。反対に善行のつもりでしたことが結果的に大きな悪に転じてしまうことを言います。盛和塾の塾生たちは中小零細企業の経営者ですから、部下の叱り方にはみなさん苦心しているわけです。そこで厳しく叱るのは大善であって、部下を立派に育てようと思えば非情とも思えるような大善がいるのだと。こういう話をしますと、みなさん、いいことを聞いたと非常に喜んでいただけます（笑）。今までは怒ったことで部下から反感を買いはしないかと不安だったが、私は大善で怒ったのですと、説明すればいいわけですねと。

●「3ないルール」を定める

山中　いや、私にとっても非常にありがたい教えをいただきました。というのも、私の愛読書が『愛があるなら叱りなさい』という本なんです（笑）。シドニー五輪のシンクロナイズド・スイミングで銀メダル獲得を達成したコーチの井村雅代さんの本です。私がその本を読んでいると学生がびくっとするので愉快なんですが、じつにいいことが書いてあるんです。

稲盛　ほう。

山中　誰にとっても叱るのはしんどい、でも勇気を持って叱りなさいと。ただし、誰に対しても同じ基準で同じ叱り方をしなさいと言うんです。同じことをしたのに、ある人は叱って別の人は叱らない、これは絶対にしてはいけない。誰に対しても同じことで同じように叱りなさいと。そこで「3ないルール」というものを定めました。

稲盛　3ないルール？

山中　3つがないと書く「3ない」です。「3ない実験」をするなと、3つのことが抜けてる実験をしたら俺は叱るぞと。まず1つ目は目的がない実験をするなということです。

稲盛　目的がない実験というのは？

山中　実験のための実験になっているような、目的がはっきりしない実験です。なぜそうなるのか私もよくわからないのですが、けっこうやりがちなんです。

稲盛　ほう、そうなんですか。

山中　2つ目はコントロールのない実験をするなと。実験をしたときには、必ずポジコンとネガコンと呼ばれる実際のサンプルの提出がいるんですね。ポジコンというのはPositive Controlの略で、絶対に目的の反応が生じる、検出ができる、ポジティブな結果になる実験のことです。ネガコンは、Negative Controlの略で、絶対に目的の反応が生じない、検出ができない、ネガティブな結果になる実験のことです。これをしない実験をしたら叱る。3つ目は後片付けをしていない実験です。たとえば実験ノートの記録もその実験の後片付けの一つです。ちゃんと実験の記録を取って、終わったら元通りに直しなさいと。

稲盛　実験の基本的な約束事ですね。

山中　そうです。この3つをやったら厳しく叱るぞと宣言しているのですが、これがまたよくやるんです。何度でもやる。こんなに怒られたら普通は守るやろと思うのですが、それくらい簡単なことができない。

稲盛　ということは、山中さんも研究所ではけっこう怒っているんですね。

山中　はい。私も、叱るときは人前でも厳しく叱り、褒めるときはコソッと褒めるようにしています。一般常識としては反対で、怒るときは一対一で、褒めるときはみんなの前で褒めなさいと。それは知っていますが、みんなが守るべきルールを守らないときは、あえてみんなの前で怒らないと、なかなか徹底されない。ただ、パワーハラスメントとか、アカデミックハラスメントにならないように気をつかって叱ってます。

稲盛　私も若い頃はもう、それこそ部下が顔色を失って立っておれないぐらいに叱りましたが、今ではそれが京セラのなかでの語り草になっているんですね（笑）。でも、それが憎しみに変わってはいないと思っています。とくに一杯飲んだりすると「あのときは名誉会長からこんなふうに叱り飛ばされちゃって」とか自慢したりしているそうです。

山中　それは、叱ったあとに何かフォローのようなものをされてるとか。

稲盛　なぜ叱ったのかを懇々と言って聞かせたら、最後は「後はがんばれよ」などと言葉をかけるようにはしています。ただどうも、そのときに私がニコッと笑うようなのです。

山中　ニコッと？

稲盛　はい。部屋を出て行くときに振り返ると、私が「がんばれよ」とか言いながら、こう、ニコッとすると。これでそれまでコテンパンに怒られたぶんの傷が全部ぽっと消えてしまう、と言うんですね。もちろんそれを意識してやっていたのではなく、私としては無意識なんですが。社員いわく、それがせめてもの救いになっていたようです。

●組織はリーダーの器以上のものにはならない

山中　稲盛さんの叱り方、リーダー論は、CEOとしてのトレーニングを受けていない私でもよく理解できます。ただ、それを実践し続けることは容易《たやす》いことではないですよね。

稲盛　会社の経営でも、組織の運営でも、リーダーには非常に難しい判断を迫られる状況や局面があります。そのときに正しい判断をするための基準を持つことは非常に大事です。ですから、そのリーダーが持つべき判断基準を繰り返し伝えていく、たとえば盛和塾という中小企業の経営者を対象にした私塾は、発足してすでに30年が経っています。もともとは私の経営哲学、人生哲学を学びたいと京都の中小零細企業の経営者たちが集まった自主勉強会がその始まりでした。現在（2014年）では全国の支部、海外合わせて74塾、9千名を超える若手経営者たちが、リーダーとして自分を磨き鍛える人生道場として熱心に学んでおられます。私が塾生たちに繰り返し伝えていることは、30年間変わりません。会社も組織もリーダーの器以上のものにはなりません、というシンプルな事実です。ですから立派な会社や組織にしたいならば、まずリーダーが自分の人間性、人格を高めることが何より大事です。経営を伸ばしたいと思うなら、心を高めなさいと。これは日本各地の盛和塾でもアメリカ、中国、ブラジルの盛和塾でも同じです。

山中　組織はリーダーの器以上のものにはならない、という理論は普遍的なのですね。

稲盛　はい。問題に直面したときに決断するのが会社や組織のリーダーの役目です。いろいろな戦術・戦略がある中で、何を取捨選択して会社を経営していくかは、リーダーの価値観、もっと言うと判断基準にかかってきます。判断基準の源になるのがその人の哲学です。ですからリーダーというのは、フィロソフィ、つまりその人が持つ哲学が立派なものでなくてはなりません。

山中　立派な哲学と言われると構えてしまいます。どういう哲学をお持ちなのですか。

稲盛　私のは簡単ですよ。人間として正しいかどうか。そして利他（自分を犠牲にしても他人の利益を図ること）のこころです。この2つを指針とする考え方です。

山中　正しさと利他ですか。

稲盛　私の経験からお話しします。私は京セラ創業20年目の頃、通信機器メーカーのサイバネット工業という、無線機を作っていた会社の経営者に頼まれ、この会社を救済合併しましたが、合併当初は赤字が続いた上、工場の過激な労働組合から無理難題を突きつけられ、大変な苦労をしました。しかし、旧社員のリストラは一切、行いませんでした。その後、潰れかかっていたヤシカというカメラメーカーも、頼まれて救済合併しましたが、このときもリストラはしませんでした。

これらの会社の再建が軌道に乗るか乗らないかという時期、通信分野の規制緩和が始まり、先ほどお話ししたような思いから第二電電（現ＫＤＤＩ）を立ち上げ、さらにＰＨＳのＤＤＩポケット（現ワイモバイル）を立ち上げて、京セラで携帯電話を生産することにしました。このとき、通信技術や会社の運営を支えてくれたのが、旧サイバネットとヤシカの技術者たちでした。携帯電話事業という時代の最先端をいく働き場所を得た彼らは「京セラに買収してもらって本当によかった。そうでなければ、多くの人が路頭に迷った」と喜んでくれました。しかし京セラも彼らに大きく助けられたのです。

山中　なるほど。

稲盛　この成功は、人を助けたいという善き思いが、人に助けられるという善き結果をもたらしたという「善の循環」が起こったものだと私は思っています。

●ビジネスの神髄は「三方よし」

山中　利他のこころが大事という考え方は研究者の世界にもあてはまる気がします。ただ、熾烈なビジネスでしのぎを削る米国に対抗してやっていくような場合、利他の気持ちでやっていけるものでしょうか。

稲盛　京セラの原点ともいえる工場は滋賀県にあるのですが、近江商人には「三方よし」という原理があります。「売り手よし、買い手よし、世間よし」というものです。私はビジネスの神髄とは、こうして三方のバランスを取ることだと思っています。

山中　お話を詳しく聞かせてください。

稲盛　わかりやすい例としてお話ししますが、私は１９９０年にアメリカのＡＶＸという会社を買収しました。この会社はアメリカを代表する電子部品メーカーで、ニューヨーク証券取引所にも上場していましたが、買収話が進みだした頃、先方の株価は1株20ドル前後で、私が当時、その株の5割増しの30ドルで買うことを提示すると、相手の経営者はその案を受け入れてくれました。ところが、双方の弁護士間で話を詰めていくうちに相手に欲が出てきて、「もっと株の値段を高くしてもらわなければ困る」と言いだしました。会社を買収するならなるべく安く買いたいですから、弁護士も他の京セラ役員も大反対しましたが、私は相手の言い値で株を買ってもその投資を回収できるか冷静に判断し、その上で「その値でいい。相手に喜んでもらわなければ意味がない」とみんなを説き伏せ、相手の経営陣、株主がハッピーだと言える値段で買いました。

山中　すごい決断ですね。

稲盛　AVXはサウスカロライナ州に本社工場を持っていますが、ここは保守的な州で、第2次大戦後も日本に好意を持っていない土地柄でした。そういう地域の米国企業が、京セラの100％子会社になったのです。

ところが、買収後、私が最初にAVXに行ったとき、従業員たちが「歓迎」という横断幕を持って総出で歓迎してくれました。それはAVXの経営陣が従業員に「京セラは礼にあつい会社だ」と説明してくれていたおかげでした。こうした友好的な関係がベースとなり、会社はその後、業績を伸ばし、ニューヨーク証券取引所に再上場するという快挙を成し遂げました。

山中　まさに三方よしですね。

稲盛　もちろん最初からそれを期待して言い値をのんだわけではありません。そういう心の不純物があったら成功はしなかったと思います。現在（２０１４年当時）のＡＶＸのＣＥＯはジョン・ギルバートソンという人物ですが、米国のＣＥＯの給与基準に従って、彼には京セラの経営者の給与よりはるかに高い報酬を払っています。やり手で業績を伸ばし続けてくれていますが、彼は日本の京セラ役員より高い報酬をもらっていることがわかっているので、給与を上げてくれとは言ってはきません。このように利他の気持ちを持って接すると、国、人種、言葉は違ってもわかり合え、結果的によいビジネスができるというのが、私の経験なのです。

山中　稲盛さんはこれまでのご経験からたくさんの部下を動かしてこられたと思いますが、最も大事なことは何だと思われますか。

稲盛　公平無私であることと思っています。中小であれ、大企業であれ、官公庁であれ、地方自治体であれ、あるいは学校法人、研究機関でも、リーダーの資質で最も大事なことは、己を捨てることです。リーダーが利己的な自分を少しでも持てば、組織を間違った方向に動かす危険性が生じます。そして部下を褒めたり、叱ったりする場合、公平であることが大原則です。好き嫌いによって評価や態度を変えるリーダーでは部下に信用されませんから。

山中　たしかにそうですね。

稲盛　万が一、組織が存亡の危機に陥ったときでも、部下から信用されているリーダーが「いざ鎌倉」とひと声かけると、全員がひとつの方向に向かって団結できるものです。

山中　リーダーが公平無私であることが人を動かす原動力になる。肝に銘じます。

特許戦争の熾烈さについて語る山中氏

第6章

熾烈な国際競争を勝ち抜く情熱

リーダーに必要なのは競争心ではなく闘争心。

●仁義なき知財争奪戦

稲盛　さきほどＣｉＲＡの知財管理部門のお話がありましたが、日本の大学の研究所が独自に知財管理の専門家を抱えるというのは、めずらしいんですか。

山中　以前に比べれば日本の各大学機関でも知財管理体制は充実してきていると思います。京都大学でも、２００７年11月にヒトｉＰＳ細胞の樹立を報告したあたりから、迅速にｉＰＳ細胞関連特許の管理体制を整備してきました。２００８年６月にＣｉＲＡ（当時は、物質‐細胞統合システム拠点ｉＰＳ細胞研究センター）のなかに知財管理室が設置され、特許の申請および権利化に関する業務を行っています。そして取得した特許の企業へのライセンス業務を行うｉＰＳアカデミアジャパンという株式会社も設立されています。また、国内外の優秀な弁理士からなる「ｉＰＳ細胞知財アドバイザリー委員会」も設置しています。

稲盛　万全の体制ですね。逆に言うと、ｉＰＳ細胞分野ではそれだけ熾烈な知財争奪戦が起きているということでしょうね。

山中　はい。ｉＰＳ細胞技術の研究開発は、大学主導の日本に対して欧米は企業主

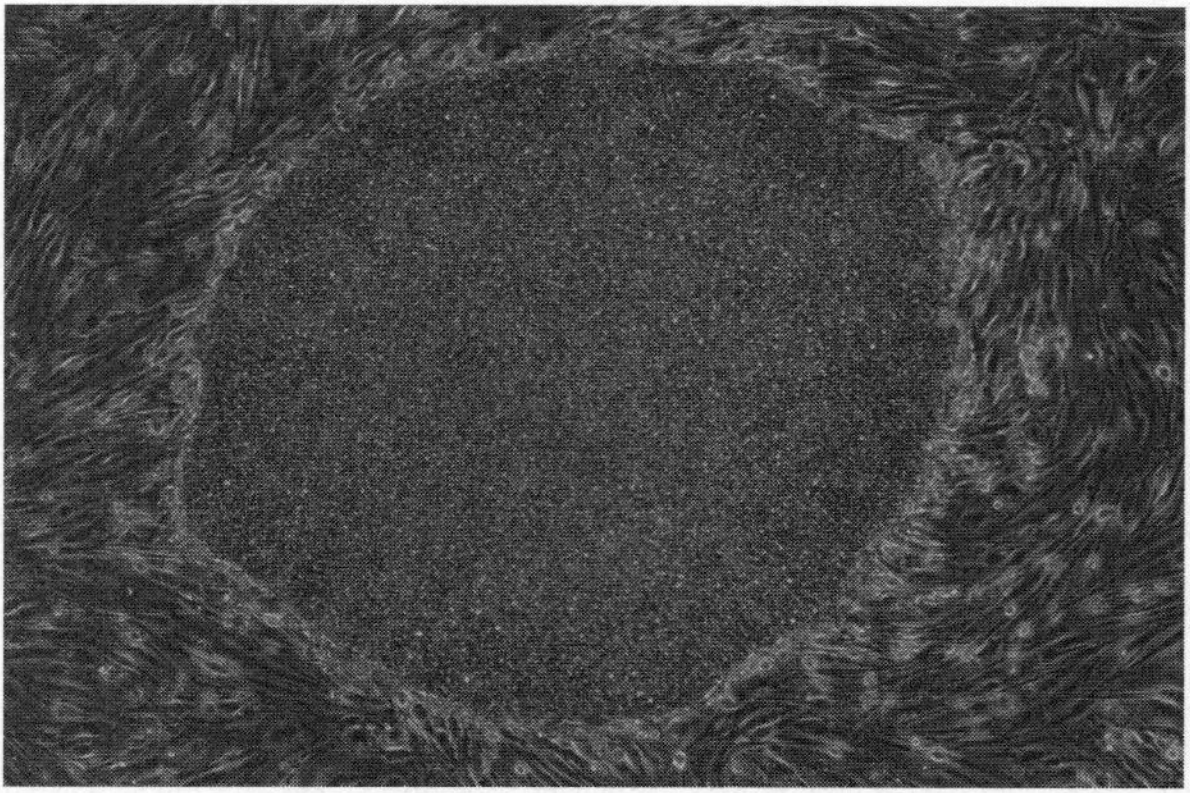

線維芽細胞から樹立したヒトiPS細胞の集合体（山中伸弥氏提供）

導です。とくにアメリカはベンチャー企業とベンチャーキャピタルが組んで、人、モノ、金とともに日本をはるかに凌駕する投資をして果敢にチャレンジしてきます。そのなかでＣｉＲＡが知財を維持する目的はただ一つで、ｉＰＳ細胞技術の臨床応用の実現と産業化の促進です。そのためにはｉＰＳ細胞の作製技術など基盤となる大事な知財は絶対に京都大学が押さえること、それによって非独占的ライセンスで多くの企業や研究機関に幅広く使ってもらうことが重要なんです。

稲盛　企業の場合は逆なんでしょうね。特許をとることでその技術を独占する、あるいは必要とする企業に独占的ライセンスを与えて高額のロイヤリティを得る。

山中　はい、そうなれば研究開発は停滞し、患者さんの医療費の負担も大きくなります。実際にそういう例はたくさんあります。10年ほど前に開発されたRNAi（RNA interference の略。RNA干渉と言い、二本鎖RNAにより任意の遺伝子の発現を抑制する手法）がありました。RNAiは遺伝子の発現をかなり自由に制御できる技術で、ノーベル賞に繋がった技術です。RNAiを使えば遺伝子の機能を調べることができますから、さまざまな薬の開発が一気に進むと期待されました。ところが、その知財をアメリカのベンチャー企業がぼーんと押さえてしまったことでブレーキがかかったんです。たとえば日本の製薬会社がその技術を使うとします。正確な数字はわかりませんが、もう最初のライセンスだけで目の玉が飛び出そうな高額なライセンス料を払うことになります。それを払わないと研究を始めることすらできない。そうなると、せっかくできた素晴らしい技術なのに、特定の企業しか使えなくなってしまう。新しい薬が開発されたとしても、特許使用料が薬価にのせられるので、お金持ちしか使えない高額の薬になってしまいます。癌やエイズの治療薬などでも、そうした事例は少なくありません。

稲盛　それでiPS細胞の技術はご自身で押さえようと。

山中　はい、なんとしてもiPS細胞の基本特許は京都大学が絶対押さえるんだと。

そのためにはどうしてもＣｉＲＡのなかに知財管理部門をつくり、知財の専門家集団を抱える必要がありました。というのも、じつは知財管理部門がなかったときに出願したｉＰＳ細胞の特許は、ネズミもヒトも特許としては内容的にかなり弱いものになってしまい、あとになって非常に苦労したからです。

稲盛　ほう、そうなんですか。

山中　マウスｉＰＳ細胞のデータに基づいて特許を出願したのは２００５年の終わり、そこにヒトｉＰＳ細胞のデータを追加して国際出願したのは２００６年の終わりで、どちらも２００４年に日本の国立大学が法人化された直後なんです。国立大学の法人化にともない、大学研究者の発明の権利は原則として大学に帰属することになり、各大学は知的財産本部といったような部署を設立しました。私の経験から言うと、この時期に国立大学から出願した特許は内容的に弱い可能性があると思っています。

稲盛　法人化するまでと特許出願のやり方が変わったということですか。

山中　出願者が変わるんです。私も法人化される前にいくつか特許を出願しましたが、特許を出そうとするとまず大学の発明委員会にかけられて、大学が出願するかどうかの審査がなされます。でも大学には出願するお金はほとんどないですから、多くの発明は、これは個人に帰するということで個人で出願しなさいと。個人で出願しろと言われても、これまたお金もノウハウもないわけです。そこで私の場合はある製薬会社の協力を得て、その製薬会社に費用を負担していただいて出願していました。つまり発明者は山中伸弥、出願者は山中と製薬会社の共同、という形で出願していたんです。

稲盛　なるほど。国立大学が法人化する前は、そういうことができたんですね。

山中　はい。ちなみに、このとき担当してくれた製薬会社の知財担当者が、さきほどお話ししましたCiRA知財管理室設置当時よりリーダーをしていた髙須直子さん（現基盤技術研究部門長）という女性です。出願のやりかたとしては、私がまず自分の論文をもとにいろいろなデータを当時製薬会社の知財部だった髙須さんに渡します。すると彼女がその論文や資料を精査して、もう資料が真っ赤になるくらいに書き直されて返ってくる。それを私が確認し、最終的に清書したものを明細書として出願していたんです。

稲盛　その方はプロだったのですね。

山中　ところが私が京大に移ってきたときには、それはもうできなくなっていました。国立大学とはいえ法人化した団体ですので、大学の研究者の知財を民間である製薬会社から出願するのはあり得ない、これは大学から出願しますと。私も大学から出してもらえるなら、そんなありがたいことはないので、それまでと同じように論文とデータを大学に渡したんです。もちろん私の中ではそれが真っ赤に書き直されて出てくるものと思っていました。ところが、ほとんどそのままの状態で出願されてしまって、えっと思って。大丈夫なのかなと思ったんですが、やっぱり大丈夫ではなくて。内容的にかなり弱い出願明細書だったことを、後になって思い知るんです。自分で書いた論文なので自分のせいなんですけれども。

稲盛　どのへんが内容として弱かったんですか。

山中　ひとつは権利の範囲が非常に限定された特許になってしまったことです。というのも、論文と特許出願の際の明細書は、どちらも同じ実験のデータに基づいて書くわけですが、しきたりが全然違うんですね。論文というのは、できるだけ正確に、これはできました、でもこれはまだできていません、ということをはっきり書くようにトレーニングをされます。ですからネズミもヒトもｉＰＳ細胞のときは、論文のような感じで書いたわけですが、それがそのまま出願されてしまったと。後になって知財の専門家やいろいろな人たちから、先生なんでこんなことまで書いちゃったんですかと言われまして。

稲盛　書く必要はなかったんですね。

山中　そうです。まだできていないということまで書かなくてよろしいと。できていないと書いてしまったら、認められる権利の範囲がものすごく限定されてしまう。ですから、あの時期に国立大学から出た特許というのはかなり弱いんじゃないかなと、経験的にもすごく心配になるんですけれども。

稲盛　ルールが違えば攻め方も違ってくるわけですね。

山中　はい。ひとつのボールで2つの競技をしなければいけない、という言い方を私はしているんですが。

稲盛　どういうことでしょうか。

山中　たとえばラグビーとアメリカンフットボールは、どちらも楕円のボールを使うスポーツですが、ルールは全然違います。ラグビーはボールを後ろにしか投げられませんが、アメフトは前に投げてもいい。またラグビーはボールを持った選手にしかタックルできませんが、アメフトはボールを持っていない選手にもタックル、ブロックすることができます。防具も、ラグビーの場合はヘッドギア以外の使用は禁止ですが、アメフトは逆に、ヘルメットや肩パッドなどの防具をつけずにプレイすることが禁止されています。

稲盛　なるほど。論文と知財はルールが違うわけですね。

山中　ラグビーの名選手であっても、ルールを知らずにアメリカンフットボールをやったらすぐにケガをしてしまいます。しかし現実として、研究者が知財の専門知識を持つのは不可能に近い。ですから研究機関は知財の専門家をきちんと抱えることと、安定して雇用することの重要性を痛感しています。

稲盛　ｉＰＳ細胞のコア技術の基本的な特許はすでにＣｉＲＡが押さえているんですか。

山中　ｉＰＳ細胞技術の基本特許については、ＣｉＲＡつまり京都大学が主導権を握れている状態です。２０１４年３月の時点ですが、欧米を中心に30の国・地域で京大が保有する基本特許が成立しています。これも、ＣｉＲＡの知財管理室の専門家チームが頑張ってくれなければ不可能でした。とくに知財はアメリカにおいては完全にアウェイですから、彼らも苦労の連続でハラハラしどおしでした。

●特許係争、開戦前夜

稲盛　京大という公的機関が基本特許をもったことで、多くの研究機関、関連企業は研究しやすくなったんですね。

山中　はい。京大が基本特許を押さえたことで、公的機関の研究者なら無償で、民間企業であっても、通常、最大でも数百万円という非常にリーズナブルなライセンス料で誰でもｉＰＳ細胞を作ることができるシステムができました。２０１４年では60の大学や企業にライセンスしています。ただし整備したといっても、アメリカなどまだまだチャレンジしてきますので、そこは戦いというか、安心はできません。それに万が一、知財がらみの裁判になっても、大学では対応できないんです。

稲盛　ほう、そうなんですか。

山中　大学が国からいただくのは研究資金ですから、係争費用には使えません。また実際に係争になれば億単位の費用がかかります。ｉＰＳ細胞研究基金へのファンドレイジングで広く寄付をお願いしているのも、主な目的は、人の安定的な雇用と知財の係争になったときの対応のためなんです。

稲盛　実際に係争までいったことはあるんですか。

山中　開戦前夜までいったことはあります。

簡単に言いますとヒトのｉＰＳ細胞は自分たちのほうが先に作っていたんや、とアメリカのベンチャー企業が主張しました。同社の特許の請求内容を見たら、京大が先に出願していた請求内容とほとんど違わない。もう完全に戦争するつもりできているわけですね。それで、こちらもこれは受けて立つより仕方ないと。2010年12月には米国において発明日を争う係争に入る寸前の状況になったんです。

稲盛　どうしてそうなるんでしょうか。

山中　ひとつは、結果的にはヒトiPS細胞も、マウスiPS細胞と同じ方法で作れたからです。私たちが2006年にネズミでiPS細胞を作れましたと論文を発表したことで、世界の研究者が一斉にヒトiPS細胞の樹立に向けて研究を始めて、ものすごい競争になりました。われわれもネズミと同じ方法でヒトiPS細胞を樹立することができて、2006年末には、2005年末に既に出願していた特許にヒトiPS細胞のデータを追加した国際特許を出願しています。

稲盛　つまり、山中さんが発表したマウスiPS細胞の作り方をまねすればヒトiPS細胞を作れてしまうということですね。

山中　そうです。それでも、ヒトのiPS細胞の樹立は私たちのほうが先だと平気で言ってくる。まあ日本の武士道精神からすると、ありえないことだと思うんですが。

稲盛　アメリカのビジネスマインドに武士道精神なんてものは全く通用しないでし

ょうからね。

山中　私たちのネズミの論文を見て作ったんでしょうと言いたくなるんですが、いやいやそれは別問題ですと。マウスはマウス、ヒトはヒトですからと。

稲盛　まさに仁義なき戦いですね。でもそれをよく収められましたね。

山中　もちろん知財管理室では係争に向けた準備を進めていましたが、実際には誰も得をしないんですね。いったん係争が始まれば億単位の費用だけでなく、決着までに何年かかるかわからない。私はもちろん関係者も審理の場で証言に立つことになり、膨大な時間を拘束されることになります。相手もそれは同じなんです。

稲盛　おっしゃるとおりですね。

山中　それで、とにかく会って話しましょうと。京大に来てもらって、3日間ほど本当にサシで話し合いをして、なんとか妥協点を見いだしたんです。

稲盛　ウィン・ウィンの決着になったと。

山中　まあとりあえずは、そういう形にもっていけたということですね。でも他の企業がチャレンジしてくる可能性もありますから、油断はできないですね。

●iPS細胞の論文を出したくなかったワケ

稲盛　特許、知財については私も少なからず関心があります。京セラも技術開発しながら成長してきた会社ですから、特許と無関係ではいられません。ただ京セラも70年代までは特許をとることに積極的ではなかったんです。どうしても特許で守らなければならないものは押さえますが、基本的には特許をとらないという方針でやってきました。

特許をとればその概要をつぶさに書いたものを公開することになります。同業他社にあっという間にまねされてしまう。できれば企業秘密にして作っていたいわけです。もちろん製品は流通するわけですから、それでもまねされてしまうこともありますが、それはまあしょうがないなと。ただ80年代からはそうも言ってられない状況になって、今はもう特許をどんどん出していくという方向に変わっていますが。

山中　よくわかります。大学の研究者の場合は、特許も非常に大切なんですが、それ以前に論文を出さないと研究者として評価されない、ひいては身分の保障すら危うくなるという問題があります。特に今のように5年間、あるいは3年間の競争的資金で研究している場合は、少なくとも2、3年に一度は論文として成果を出さないと、身分が続かないし研究も続けられなくなる。同じ研究をしていても民間企業の研究所は違います。ある製薬企業の研究所長さんが、企業の研究所の成功する秘訣は論文を書かないことですとおっしゃってますが、ああ、これは大学の研究所では言えない言葉だなと。それだけ民間の研究所と大学の研究所は違うものなんですね。

稲盛　論文を発表するということは、それこそフリーで内容を公開することになってしまいますね。知財を押さえてから論文として発表することはできないんですか。

山中　本来はそうすべきですし、本当はそうしたかったんですが。マウスiPS細胞の場合で言いますと、2005年12月に特許出願して、翌2006年8月に科学雑誌「Cell」に論文を掲載しました。そもそも企業的感覚で言うと、ネズミの段階で発表すること自体あり得ないと思うんですね。ネズミの段階で発表したら、一斉にまねされてヒトiPS細胞の樹立に向けた競争が始まるに決まっているからです。ヒトのiPS細胞ができるまで発表を待って、ヒトiPS細胞ができたらマウスiPS細胞と一緒に論文を発表したかったんです。

ただ当時ちょうど5年単位でもらっている大きな研究資金が3年目に入った時期

で、ここで成果を発表しないと研究資金の継続はないだろうと。それで泣く泣く論文として出したんですけれど、これがまた非常につらい。案の定、非常に激しい競争になって大変苦労しました。

稲盛　マウスiPS細胞を発表された段階では、ヒトiPS細胞のほうは、あとどのぐらいでできそうだと考えてらしたんですか。

山中　結果としてはマウスiPS細胞の論文発表から約1年でヒトiPS細胞の作製成功も発表できたわけですが、どれくらいかかるかはわかりませんでした。

稲盛　ネズミでできていても人間でできるわけではないんですか。

山中　できることはできても、そう簡単にはできないかもしれないと思っていました。というのも、ES細胞のときも、マウスES細胞ができたのは1981年ですが、人間のES細胞ができたのは1998年で、17年もかかっていたんですね。

稲盛　やっぱりネズミと人間では大分違うんだろうと思われていたんですね。

山中　はい、細胞の癌化でもネズミと人間では違います。正常の細胞を取ってきて、そこにいくつかの癌遺伝子を入れると癌になるんですが、マウスの細胞は1個の癌遺伝子を入れれば癌になります。ところが人間の細胞は同じ癌遺伝子を1個入れても癌にはならない。複数の遺伝子を入れないと癌にならないんです。ネズミより人間のほうが難しいということがわかっていました。それだけ人間の細胞のほうが高等というか安定しているわけですが、じつはiPS細胞を作るのと癌細胞を作るのは、けっこう似ていて共通点が多いんです。

稲盛　ほう、そうなんですか。

山中　iPS細胞も、癌細胞も、本来増えなかったものがどんどん増える。分化していた細胞が脱分化する、幼若になる点も同じです。

稲盛　なるほど。

山中　ですからiPS細胞の場合も、ネズミの細胞は4つの遺伝子で初期化したけれど、人間だったら6つとか7つはいるかもしれないと。あと2つ3つの遺伝子を探すまで何年かかるかわからないな、というのが最初の印象でした。5年、10年、あるいはもっとかかるかもしれないと。実際には、あっという間に人間でもiPS細胞ができたわけですが。

稲盛　それではネズミの論文を止めておくことは難しいですね。

山中　はい。待っている間に職を失ってしまいますので。ここはとりあえず、ネズミだけ発表しようという判断だったのですが、それが良かったのか悪かったのかはちょっと……まあ、すべては結果論なんですけれども。

稲盛　その論文をいつ出すか、特許を出願するかどうか、さらには取得した特許をどこにどのようにライセンスするか、個々の研究成果に対するそうした判断は、最終的には所長の山中先生がされるんですか。

山中　基本的にはそうです。ＣｉＲＡの存在目的はｉＰＳ細胞の臨床応用ですから、貴重な公費で取得した特許をどのように利用していけば臨床応用化と産業化を促すことに繋がるのか、それは大きな課題ですし、そこではけっこう微妙な判断が求められます。

稲盛　具体的に言うとどういうことですか。

山中　まず特許をとるかとらないかという判断があります。産業化を促す一つの選択として、特許を全くとらずに、論文で全部公開してしまうことも考えたんです。そうすれば誰でも自由に使える。ただ誰でも使えるということは、企業から見るとリスクが高すぎてかえって使えない、ということにもなりかねません。むしろ特許で守られているからこそ安心して投資ができる、結果としてそれが早く産業化を促すことになるかもしれないと。

稲盛　それこそ経営者的な感覚が求められるわけですね。

山中　個人的な理想を言えば、特許なんかは全くありません、皆さん好きに使ってくださいというほうがいいように思えるんです。でも企業からすれば何百億円というお金を投資されるわけですから、特許に守られていないとリスクは大きくなる。そのあたりの微妙な判断とかバランスを大学の研究者がしなくてはいけないというのは、かなり厳しいものがあります。

稲盛　そうでしょうね。企業も投資するからには、当然ですが自分の会社に少しでも有利な条件を求めてくるでしょうし。

山中　もっと独占的な権利が欲しいと思われる企業は多くあると思います。たとえばそれぞれの疾患ごとに、うちの会社に独占的に使用権をください、というような要望です。ただ今までのところは、どこにも独占権は出せませんと。あなたの企業にも出しますが、ほかの企業にも出します、あるいは外国の同じようなことをやっている企業があったらそこにも出しますよ、という判断でやってきています。

稲盛　外国企業の場合も、日本企業とまったく条件的には同じなんですか。

山中　条件がいろいろあると思いますので、一律に同じとは言えないかもしれませんが、外国企業だからといって日本の企業よりも高いライセンス料を設定しているわけではありません。日本企業だけを守っているのではなくて、そこはまだ競争になっています。ただ、この判断がこれから先もずっと正しいかどうかはわかりません。どこかで切り替えなければならないかもしれないです。

稲盛　情勢やタイミングを見ながらということですね。いずれにしても厳しい判断になりますね。

山中　はい。現状ではいろいろな企業にお願いしているのは、iPS細胞は汎用的な技術ですから、そこに独自の新しい技術を追加されて特許をとってくださいと。たとえばiPS細胞技術を使って分化細胞を作るという技術を開発する、そこで特許をとって利益を生み出してください。でも一番大本のiPS細胞作製技術のところは京大が持っていて広くライセンスしますから、そこでの競争はできませんよと。そこはこだわっています。

●リーダーに必要なのは競争心ではなく闘争心

稲盛　今アメリカでは、そういう企業に埋もれた特許を次から次へと買い占めて、世界中の企業を調べて、使っていそうな形跡のある会社に次から次へと出かけていって、うちの特許を侵害しておられますよと。それで損害賠償金をとってビジネスにしている会社がたくさんあります。

山中　ほんとに日本ではあまり考えられないことを彼らはやってきますので。損得だけで言えば得なのかもしれないけれど、善悪で考えたら絶対できないだろうと思うんですが。

ただ喧嘩を売られてしまったら、こちらも受けないと仕方ない。基本的には研究者ではこの喧嘩は無理です。アメリカのベンチャー企業のときも特許係争に精通した2人の弁護士さんに張り付いてもらって交渉していました。

稲盛　そうでしょうね。私も以前、取得した京セラ関連の特許を巡ってカリフォルニアの法廷で証言に立ったことがあります。

山中　証言までいかれたんですね。

稲盛　それも特許係争でしたが、もちろん勝ちました。ただ、ああいう法律的な係争問題になると、日本の法曹界はどちらかというと弱いですね。

山中　やはり日本には、人に譲るのが美徳という、利他の精神があるからでしょうか。

稲盛　いえ、そうではないと思うんです。

とくに企業や組織のリーダーは、組織や社員を守るためにも全力で戦わなければならない場面に幾つか、直面します。私は常々、利己ではなく利他が重要と言っているのですが、リーダーが、正しいと信じることのために戦わず、簡単に妥協してしまうことは、利他に基づいた行為とは言えません。むしろ、安易な妥協は利己的な行為であることが多い。残念ながら日本の企業のリーダーにはこのことを自覚している人が少ないと感じているんです。

山中　どういうことでしょうか。

稲盛　利他の前提にあるのは「人間として正しいことを正しいままに貫く」ということです。つまり、リーダーは人として正しくないと思う判断をして、安易に妥協してはならない、というわけです。

山中　はい。

稲盛　しかし、利己的なリーダーなどは、妥協したほうが自分が楽だとか、恩を売っておこうなどと損得勘定で妥協してしまうケースがままある。人として正しいことをすると主張するのは大変だし、そういう厳しい交渉はしたくない。一刻も早く終わらせてこの場を立ち去りたい。そういう利己的な都合で簡単に妥協してしまうんです。

山中　正しさより、楽なほうへ逃げてしまう。

稲盛　そんなリーダーは会社や組織の将来というものを危うくする可能性がありま

す。ですから山中さんのように非常に熾烈な国際競争の中で、死守すべきものを必死に守ろうと戦っておられるのは、立派な姿だと思います。それができるのは、明確な目的意識と使命感があるからだと思います。私は最近の日本の経営者に足らないものは、そうした使命感だと思っているんです。

山中　ありがとうございます。

稲盛　たとえば日本の電機メーカーがなぜ韓国や中国の企業に次々に負けてきたのか。たしかに長引く不況や円高の影響、エネルギー問題など、日本における経営環境に不利な面があったことは否めません。でもそういうときこそ、リーダーには会社を立派に発展させなくてはいけないという使命感が必要なのです。状況が悪いときこそ目標を高く掲げ、何としても乗り切ろうという、燃えるような情熱がなくては、熾烈な国際競争の中でとても勝ち残ることはできません。

山中　よくわかります。われわれの分野で言うと、競争力という意味ではアメリカにはとてもかないません。研究費も研究者の数も日本の10倍のアメリカに勝てるわけはないし、この先もアメリカが中心になってどんどん研究を進めていくのは間違いありません。でも、だからこそ、日本が果たすべきミッションは大きいと思っているんです。

稲盛　どういうミッションですか。

山中　開発競争を綱引きに例えれば、人が10倍のアメリカと綱引きしても勝てません。でも大本の綱の部分を日本が押さえることはできます。

稲盛　綱というのは知的財産のことですか。

山中　そうです。日本がいなければ綱引きすらできない、そういう一番大事なところを押さえることで、主導権を握っていく。それは、臨床応用化、産業化を促すためのCiRAの重要なミッションだと思っています。

稲盛　今のところはそれができているわけですね。

山中　はい、完全とは言えませんが、できていると思います。でも現在のiPS細胞関連技術の進展や企業等の参入状況をみると、楽観できる状況ではありません。基本特許だけでなく、さまざまな種類の分化細胞を作る技術などの個別特許も揃えていく必要があると思っています。多くの人に使われる可能性のある特許をできるだけたくさん押さえることで、主導権をほかにとられることなく、またクロスライセンス（知財の交換）など交渉の駒を増やすこともできるからです。そうやって欧米に対する競争意識を持つことは、産業化の促進に繋がると思います。

●日本には「人」という資源がある

稲盛　山中先生はアメリカにも研究室を持っていらっしゃいますから、アメリカの状況もよく知っておられますよね。アメリカの強さというのは資金や人材のほかに、どういうところにあるんですか。

山中　企業と大学のすばやい連携などは見習うべきところだと思います。そうしたアメリカの良いところは日本も取り入れていく必要があります。その一方で、アメリカは企業主導なので、ビジネスにならない難病治療の研究には消極的です。利益追求から切り捨てられてしまうような病気の治療や創薬の研究開発、これも日本の使命だと考えています。

稲盛　具体的にはどういう病気の研究をされているんですか。

山中　京都大学では、筋萎縮性側索硬化症（ALS）、デュシェンヌ型筋ジストロフィー、進行性骨化性線維異形成症（FOP）などのさまざまな難病の研究を進めています。患者さんから体細胞を提供していただき、iPS細胞を使った研究を進めています。

稲盛　なるほど。利潤追求を目的としない公的機関だからできることですね。

山中　はい。再生医療や創薬を目指す複数の大学や研究機関に多額の公的資金が配分されています。

稲盛　日本は資源のない国ですから、政府が将来的に日本経済を支えるひとつの力として、ｉＰＳ細胞をはじめとするバイオメディカル分野に大きな期待と投資をするのは当然かもしれませんね。

山中　現実を見ますと、豊富な資源を持つ国でも今、バイオメディカルの分野に大量に資源を注ぎ込んで、知的財産を積み上げようと頑張っているんですね。

稲盛　そうなんですか。

山中　はい、先日もカタールの現在の首長のお母様が、ＣｉＲＡの見学においでになりました。ご存知のようにカタールは大変な資源国です。秋田県よりもやや狭いほどの面積しかない国ですが、石油や天然ガスなどの資源に恵まれ、とくに天然ガスの確認埋蔵量は世界第3位、世界全体の約13％にもなるらしいです。それでも資源だけに頼っていたら、やがて資源もなくなって将来国がやっていけなくなると。だから今のうちから科学技術、特にバイオメディカル領域の研究開発をして将来の資源にしていくとおっしゃっていました。

稲盛　カタールのほかにはどんな国がありますか。

山中　ロシアもそうですね。今のところ医学生物学の分野では日本のほうが圧倒的に上だと思うんですけれども、いろいろな国が追いかけてきています。中国には大分追いついてこられていますし、このままいくとロシアとか韓国、シンガポールなんかにも追い抜かれてしまうという可能性は十分あると思います。日本は頑張らないといけないと強い危惧を持っています。

稲盛　具体的にはどのようなことが必要になりますか。

山中　ひとつはさきほど言った、アメリカのように企業と大学がすばやく連携できる体制づくりです。日本の現状として、民間企業の研究所は研究開発をして、基礎研究の部分は大学の研究機関に頼っているという形があります。これは欧米も同じなんですが、逆にわれわれ大学の研究所が民間企業に頼れるはずの部分が、欧米に比べると弱くなってしまっている。そこに危機感を抱いています。

稲盛　そうですか。

山中　もうひとつは、やはり人を育てることです。日本人の技術者は世界一優秀です。技術の高さはもちろん、勤勉で協調性が高く、創意工夫や改善を怠らない。科学技術立国たる日本を背負っているのだという自負も持っています。若くて柔軟な人が次々入ってきて研究に従事するようになれば、日本はもっと伸びていきます。しかし、人が育たなければ、この先、世界を相手に太刀打ちできません。ところが、日本の理系離れは深刻で、このままでは担い手がいなくなってしまうと、多くの研究者が心配しています。

稲盛　山中先生がおっしゃるように、やはり雇用環境の問題も大きいんでしょう。

山中　そう思います。日本とアメリカで研究をしていて痛感するのは、日本の研究者の社会的地位の低さです。とくに大学の研究者は安定した雇用もなく、これでは若い人が研究者という職業に魅力を感じてくれません。一方、アメリカの研究者は社会的地位が高く、子供たちの憧れの職業のひとつです。仕事のハードさは同じですが、安定雇用で給料も高い。みんなちゃんとした家に住んで、家族と長い休暇をすごし、楽しく暮らしている人が多い。

稲盛　立派な研究をするためには、生活の基盤が安定していることと、それによって生まれる心のゆとりが必要だということですね。

山中　それは私自身の経験からも痛感しました。ですから若く、志のある人が安心して研究に従事できる環境にしたい、とその仕組みづくりを訴えていきたいと考えています。

終章

科学の進歩は人を幸せにするか？

少子化社会にとって
iPS細胞は大善か、小善か。

●iPS細胞の最前線

稲盛　iPS細胞技術をめぐる国際的な開発競争は、さぞ熾烈なんだと思いますが、現在、iPS細胞の応用はどこまで進んでいるんですか。

山中　激しい研究開発の競争が医療への応用を推し進めている状態です。再生医療、創薬、病気のメカニズムの解明のそれぞれの分野で、私たちの予想を超えるスピードで、さまざまな技術開発や医学的発見が起きています。山のたとえで病気の数だけ頂上があると言いましたが、それぞれのエキスパートがそれぞれのルートで頂上をめざして登り続けています。再生医療では、神戸の理化学研究所などが加齢黄斑変性という眼の病気の患者さんの細胞から作ったiPS細胞由来の網膜色素上皮細胞を、その患者さんに2014年9月、移植する手術に成功。これが世界で初めて実施されるiPS細胞技術を使った臨床研究になりました。創薬の面では、いろいろな企業と協力して、iPS細胞から作った病態モデルの細胞を使って、薬剤候補物質のスクリーニングを行っています。既存薬のなかに難病の進行を遅らせるなどの効果があるものがないかについても研究を進めています。

稲盛　医療への応用が一歩一歩、具体的に進んでいるんですね。

山中　はい。独創的な取り組みとして、東大の中内啓光《ひろみつ》教授のチームは、iPS細胞の技術を使ってブタの体内で人間の臓器を作る実験を計画しています。

稲盛　ほう、そんなことまでできるんですか。

山中　まだ人間のiPS細胞を使っては成功していないんですが、ネズミのモデルでは成功しています。ネズミにはマウスとラットの2種類があり、ラットの膵臓をマウスの体内で作ることに成功していますので、同じ技術を使えば、ブタの体内で人間の膵臓や肝臓といった臓器を作ることは理論的には可能と思います。

稲盛　どうやって作るんですか。

山中　中内先生のチームが計画している実験は、まず特定の臓器が欠けるよう操作したブタの受精卵（胚）に、ヒトのiPS細胞を移植して「動物性集合胚」（動物の胚にヒトの細胞を入れてできる胚）を作り、それをブタの子宮に着床させるというものです。欠けた臓器の場所にヒトの細胞からできた臓器を持つブタが生まれれば、その臓器を将来、移植医療や新薬の開発に応用できる可能性があります。日本では動物の受精卵にヒトの細胞を入れて子宮に戻すのは、研究指針で禁止されていましたが、２０１３年夏、中内教授の研究を踏まえて、政府の生命倫理専門調査会が基礎研究については条件付きで容認しました。議論は始まりましたが、生命倫理の議論は時間がかかりそうです。

稲盛　難しい問題ですね。世界的に待ったなしの研究開発競争が行われているわけですから、規制すると後れをとってしまう。でも、研究のため、何をやってもいいという話ではないですし……。

山中　現実として臓器不足は深刻で、臓器移植さえすれば助かる命が日本だけでも多くあります。実際に心臓移植の待機中に多くの患者さんが亡くなっていますし、白血病でも骨髄を提供するドナーが見つからずに多くの方が亡くなっています。そういう患者さんたちの命を救える可能性のある技術であることはたしかなんです。ただやはり動物の体内で人間の臓器を作ることには嫌悪感を持つ方もおられますし、生命倫理的な議論も追いついていないんです。ただ、再生医療への法整備はかなり進み、２０１３年に再生医療推進法が国会で成立。同年11月にはすべての再生医療に対し、国への計画提出や安全性などの事前審査を義務づけ、監視できるようにした再生医療安全性確保法なども成立し、アクセルとブレーキが法で課せられました。

稲盛　現在の臓器移植に関してよく聞くのは、臓器移植をすると強い拒絶反応を和らげるために非常にたくさんの薬を飲まなければならず、患者さんにとって大変だと聞いたのですが、今でもそうなんですか。

山中　そうですね。移植するのは他人の臓器ですから、患者さんは拒絶反応や薬の副作用に非常に苦しむことになります。まず移植後に拒絶反応が出るので、それを抑える薬を大量に飲みます。すると飲んだ薬の副作用が起こるので、その副作用を抑える薬も飲むことになります。

稲盛　患者さん由来のｉＰＳ細胞を使って作った臓器を移植した場合、自分のものなので、そうした副作用に苦しむことがなくなるということでしたね。

山中　理論的にはそうです。移植するのは患者さん本人の細胞から作った臓器ですから、拒絶反応は小さいはずです。ただ、これも実際に臓器移植して確かめたわけではありません。実際にやってみたら拒絶反応や思わぬ副作用が出てだめだった、という可能性はゼロとは言い切れません。絶対にこうなるはずだと思ってやって逆の結果が出てくることは、科学ではいくらでもあります。とくにｉＰＳ細胞の移植は人類がやったことがないことですから、やってみなければわからないことはたくさんあります。ですから、研究者は実際に患者さんに移植する前に、非臨床試験（動物などを使った実験）でデータをとり安全性や有効性を慎重に検討しますし、不測の事態への対処方法も考えておく必要があります。

稲盛 なるほど。拒絶反応とは少し違いますが、他人の臓器を移植した場合、自分とは違ったものが体に入ってくるわけですから、その人の考え方、心までが変わってしまうという可能性はないですか。それこそ脳が何らかの影響を受けてしまい、性格が変わったり、あるいは幻覚とか幻聴とかが起こることはありますか。

山中 脳以外の臓器の場合に、どれだけの影響があるかというのは、まだ十分わかっていません。臓器移植によって人格に影響がないかと言われると、それはないとは言い切れないですね。

稲盛 そうでしょうね。

山中 ただおっしゃるとおり、人間の性格とよばれるものも、脳の中のちょっとしたことで変わってしまうんですね。たとえば脳の中にごく小さな出血が起きても、人格が変わることはあります。それこそ優しかった人がものすごい凶暴になったりとか。私なんか、お酒を飲むと一夜にして、人が変わるとよく言われますし（笑）。

稲盛 私もありますよ。会社のコンパ（懇親会）などで飲むとき、部下の性格がお酒で変わったりすると、「飲む資格なし」と説教したりもしてますが……。まあ、医学がこれだけ進んだといっても、まだまだわからないことのほうが多いということですね。

山中　はい。人間についてはほんとうにわからないことだらけなんです。それを科学者がついつい不遜になってしまって、いやもう私たちはこんなに理解しているんだとやってしまうんですが、実際のところは1割もわかっていない。特に人間の脳に関しては99・9％以上わかっていないと言ってもいいと思うんですね。私たちはその1割もわかっていないところで医学とか医療をやっている、そのことを忘れてはいけないと思います。脳機能に関しては、2013年から米国のオバマ政権が「脳活動マップ」（ブレイン・アクティビティ・マップ）というプロジェクトを開始しています。10年間で脳の機能を一気に解明するという意気込みのようですが、人間の脳は未知な部分がほとんどですから、ゲノム解析のようにはいかないのではないかと思います。

稲盛　そうでしょうね。癌もこれだけ世界中で研究されてきても、まだ解明できていませんから。

山中　はい。これもアメリカが40年以上前のニクソン大統領の時代から、癌を徹底的に研究して癌を克服するんだということでやってきていますが、いまだに治らない癌もいっぱいあります。とても克服したとは言えません。人間の体は手ごわい。私たちの体はほんとうに手ごわいです。

●科学の悪用はいくらでもできる

稲盛　さきほどのブタの体のなかで人間の臓器を作る話とか、伺っていくと、一歩間違うと、何か恐ろしいことが起こるような気がしてきます。

山中　ネズミの肝臓の細胞からiPS細胞を作り、iPS細胞由来の新しいネズミを作る実験に成功し、それが見事に目の前で走り回ったのですが、そのネズミは何カ月か前は肝臓の一細胞でした。その実験をしたのは、鹿児島出身の女性研究員で、「このネズミは普通に見えるけど、たぶん人類で初めての実験に成功した」と彼女に声をかけたのですが、今思い返しても、そのとき、すごく不思議な気持ちがしました。そして皮膚だった細胞をiPS細胞に変え、そこに分化を誘導する物質を加えると拍動する心臓の細胞に変わるんです。初めてそれに成功したとき、私はちょうど米国のグラッドストーン研究所に出張中でした。京都にいる高橋君から「山中先生、心筋細胞に分化して拍動しています！」とメールがきて、すぐにパソコンに映像を送ってもらいました。映像を見たら、皮膚だった細胞が、トクットクッと、こう拍動している。見ている自分の心臓も同じタイミングで打っているような、このときもすごく不思議な感覚だったのを覚えています。もう7年も8年もたつんですが、いまだに慣れないというか。こんなことしていいのかな、というような気にもなります。

稲盛　今までそれこそ神様しか触れられなかった領域にすでに手を突っ込まれているわけですね。

山中　そしてこれは悪用しようと思えばいくらでもできます。たとえば健康診断で稲盛さんが採血された血液をちょっと横からいただくとします。その血液細胞からiPS細胞を作り、そこから精子と卵子に分化させると、理論的には父親も母親も稲盛さんという遺伝子をもった子供が作れてしまうわけです。

稲盛　iPS細胞から精子と卵子を作って、それを結合させて、人間の子宮に入れると可能だということですか。

山中　現時点では技術的に不可能ですが、将来は可能になるかもしれません。すでにネズミではES細胞やiPS細胞由来の精子と卵子を作ることに成功しています。アメリカでは以前からデザイナーベイビーといって、いわゆる精子バンクで一流のアスリートや高名な学者の精子が売買されています。その場合は精子を提供する人との合意があるわけですが、それすらいらない。本人が知らないところでビジネスとして売買されるとか、そういうことも本当に起こりかねないんです。

稲盛　生まれてくるのは、いわゆるクローン人間ということですか。

山中　そこはちょっとややこしいんですが、核移植をするクローンとは違います。精子や卵子ができるときに組み換えという現象が起こるため、30億ある文字（塩基対）の並び方が稲盛さんとまったく同じにはならないからです。設計図が変わってしまうんです。稲盛さんとは見た目も少し違うし、別人格の人間に生まれてくるとは思います。

稲盛　いやはや。恐ろしいですね。

山中　ただ一方で、不妊症の治療研究として非常に期待されている技術なんです。少子化は日本社会が抱える深刻な問題のひとつですが、その原因のひとつに子供がほしくても授からない不妊カップルの増加があると言われています。

稲盛　まさに諸刃の剣というか……。

山中　さらに難しいのが倫理的な問題です。たとえばこの技術を使えば、将来、同性愛のカップルが子供をもつことも可能になるかもしれません。それぞれのｉＰＳ細胞から精子と卵子を作り受精卵を作ることも理論的にはできると考えられます。でも倫理的にどうなのか。そんなことをしてもいいのかという問題があります。

稲盛　まさに神の領域です。

山中　iPS細胞の発見をパンドラの箱と言われることがよくあります。ES細胞という技術もそうでした。科学技術というのはその連続で、一人の科学者ができることはとても小さい。それを駅伝の襷《たすき》のようにずっとつないでいって、10年たったら、治らなかった病気を治せるようになるかもしれない。あるいは運がよければ今目の前の患者さんの苦痛をとることができるかもしれない。いずれにしても、研究を続けていくことが大事だと思っています。とくに箱を開けてしまったグループの長としては、いかに早く患者さんのもとに届けるか、それを見失ってはいけないと思っています。

対談は稲盛財団のサロンで行われた

稲盛　たしかに私が小さいときは死の病と言われた肺結核も、今ではほとんど治るようになっていますからね。

山中　今でも原因も治療方法もわかっていない病気はたくさんあります。iPS細胞を発見したことで、ALS（筋萎縮性側索硬化症）などの難病の患者さんやご家族とお会いしてお話を聞く機会が増えました。ALSは全身の筋肉が急速に萎縮していき、すべての運動機能を奪われる病気です。こうした難病は患者数が少ないため研究自体が進みません。そのため患者さんは病気の苦痛のうえに社会から見放されたような気持ちになりがちです。iPS細胞の技術は、そういう患者さんたちに大きな希望の光となっている技術なんです。もちろん日本人に多く見られる病気も研究のターゲットになっています。なかでも糖尿病は、インスリンを作る細胞の機能不全で起こる病気ですが、iPS細胞からインスリンを作る細胞を作ることで、根本的な治療につながると期待されています。

●iPS細胞は大善か、小善か

稲盛　お話を伺っていると、iPS細胞の技術で病気で困っている人々を助け、寿命を少しでも延ばそうと、先生方は一生懸命やっていらっしゃる。目の前にある直近の善。一見すると、それは善の方向へいっているように思えます。しかし、結果としてはそうじゃなかったということもあり得るかもしれない。

山中　おっしゃる通りかもしれません。

稲盛　私は人類の未来は、科学の発展と人間の精神的深化のバランスがとれて初めて安定したものになるという信念があるんです。その思いが京都賞の創設にもつながりました。だから、あえて厳しい言い方をさせてもらうと、ｉＰＳ細胞を含めた医学技術の発展が、人類に対して病気をなくす大善となるか、あるいは大きな問題を引き起こす小善となるかは、このバランスをいかにとるかにかかっていると思うのです。

山中　バランスですか。

稲盛　「小善は大悪に似たり」という仏教の言葉は、小さな善が結果的に大きな悪に転じてしまうことを指します。あらゆる科学技術は、人類のために研究されてきました。先生のｉＰＳ細胞の研究は、病気で苦しむ患者さんたちを救い、寿命を延ばすという、善なる行為です。でも、その結果が果たして人類を救う大きな善になるのかというと、それはわかりません。そこは科学の進歩に必ず、つきまとってくる問題だと思うのですね。

山中　そうですね。

稲盛　それこそ一歩間違うと、大きな悪に転じてしまう可能性もある。たとえば誰もが健康で長生きしたいという願望を持ち、医療がどんどん発達していくと、超高齢社会ができてしまう。その一方でこの先50～100年の間に、地球の人口が100億人を突破すれば、食糧も資源も足りなくなると予測されています。進歩と地球のバランスをどうやって取っていくのか。私は現在の人類の繁栄はすでに地球の許容能力を超えつつあるのかもしれないと危惧しています。映画などによく出てくる、アメリカにいるバッファローという野牛をご存じですか？　数千頭、数万頭のバッファローの群れが、怒濤のごとく地響きをさせながら荒野を暴走していくシーンを見て、圧倒されることがあります。人類は、同じく一つの種でありながら、そのバッファローをはるかに超える100億人が、地球上に存在することになるのです。科学技術の進歩によりもたらされる人口増加には、そんな恐ろしささえ感じます。われわれは今、必要以上に求めないという自然の摂理を取り戻す必要があるのではないか。つまり、人間の生死を自然のあるがままにまかせるという行為は、一見は非情に見えるかもしれませんが、地球規模の大きな視点で考えると、それは善きこと、「大善は非情に似たり」であるとなるかもしれない。

山中　実は先日、たまたま「2030年をどうするか」というテーマで自民党でお話しする機会をいただいて、前から気になっていた各国の人口分布を調べてみたんです。先進国の多くは安定した釣り鐘型の人口分布なんですが、日本は戦前の富士山型から現在は菱形の人口分布になっているんです。

稲盛　子供と若年層が極端に少ない。

山中　はい、他のどの国より高齢化が進んでいるんです。さらに2050年には逆富士山型になっていきます。そうなると医療保険や年金、福祉などの社会保障を、この下のほうの少ない人たちが支えるので、ものすごい負担をかけることになります。私たちがやっている研究は上をさらに増やすことには繫がっていきますが、下を増やすことにはそれほど繫がらないんですね。

稲盛　若い世代の負担が大きくなると、子供をさらに持てない悪循環になるかもしれません。

山中　高齢者も健康で長生きできて幸せかというと、2050年になると福祉が追いつかなくなって、体は元気でも食住は十分に伴わなくなるかもしれない。それでも若い方にはすごい負担がかかる。その結果よけいに子供は作れないよということで、極端な悪循環になる可能性もあります。そう考えると、将来の人が今のわれわれをふりかえって、昔の人たちはとんでもない利己主義者だったと言われてしまうかもしれない。そういう話を議員の方々に言うと、「その心配をするのは政治家の仕事ですから、先生は存分に研究に専念してください」と（笑）。

稲盛　たしかに日本の高齢化はこれからますます深刻な問題となっていきます。

山中　利他に関してはまだまだ修行しないとダメなのですが、今、苦しんでいる患者さんを助けるということも利他。自分たちの子孫に対する将来の責任を今のうちからキチンと考えることも利他ではないかと思います。寿命が延びて今の世代はよかったかもしれないけれども、次の世代、その次の世代にとんでもない負担を負わせてしまうかもしれない。iPS細胞もそうですが、科学の進歩って遅いようで突然、ビュンと進んでしまう。SFだと思っていた話がどんどん実現しているんです。7、8年前に、ある人が「山中先生、アメリカでこんな特許が出願されているらしいよ」と、笑い話をしたんです。それは3Dプリンターで臓器を作る、それを特許として出そうと計画しているベンチャーがあるという話でした。聞いたときは私も「またそんな」とか言って笑ったんですが、今はもう笑いません。

稲盛　本当に3Dプリンターで人間の臓器を作っているんですか。

山中　本当の臓器ではありませんが、精巧な臓器のモデルが作られています。難しい手術の前に、患者さんのCTなどの情報から臓器モデルを作って、手術のシミュレーションとして使われ始めています。人工の骨を作って、実際に患者さんにも移植されています。海外では、細胞を３Ｄプリンターで積み重ねて、臓器や血管を作る試みも行われています。

稲盛　そんなベンチャー企業があるとは驚きです。

山中　はい。ロシアで同じようなベンチャーの方に会いましたが、彼らは人間の体細胞から作ったｉＰＳ細胞のことを「インク」と呼ぶんですね。アメリカのベンチャーもそのバイオインクを素材として臓器を３Ｄプリントする３Ｄバイオプリンターの製造を目指しているんです。７、８年前大笑いした話がすでに現実になっています。

稲盛　医療技術の進歩と高齢化の問題は永遠に解けない命題だと思います。非常に難しい。それじゃあ、研究、進化をやめてしまいましょうというのも違うと思います。患者の命を救い、寿命を延ばすことは、いいことに違いない。

山中　人間の真理を少しでも明らかにしていきたいと思い、この研究を始めました。生命にはいろんな不思議なことがまだまだあり、真理は１割もわかっていません。ただ、長いスパンで社会全体を考えたとき、自分たちの研究が本当に社会のためになるだろうか。必ずしもそうではない場合もあるのではないかと思うときもあります。

稲盛　そういう意識を持たれることは素晴らしいことだと思います。今後はぜひ、科学の進歩と地球の生態系のバランスをどう取っていくか、という難しい命題にも挑んでください。

山中　じつは最近、稲盛さんのご著書を読んでドキッとしたことがあるんです。

稲盛　なんでしょう?

山中　地獄と天国は何が違うかという話です。

稲盛　ああ、うどんを食べる話ですね。

山中　それです。読んだ瞬間、わーっとなって、すごいことに気付いてしまったんです(笑)。

稲盛　それは何ですか。

山中　たしかこういうお話です。地獄と天国というのは、そう違いはないと。どちらも大きな釜に美味しいうどんが煮えている。そして皆が1メートルもある長い箸を持っていると。地獄の住人は我先にと箸を突っ込んでうどんを食べようとするんですが、箸が長すぎて口に運べない。そのうち誰かの箸の先にひっかかったうどんを食べようと奪い合いになってけっきょく何も食べられずにガリガリに痩せていると。ところが天国の住人はお互いに箸の先のうどんを向かいに座った人に食べさせてあげている。だからみんなニコニコして丸々と太っていると。

稲盛　そうです。

山中　そこで私は、これは科学技術の出る幕だと。箸が長すぎて食べられないのだったら、つまむときは長くて手元のボタンを押したら縮むようにすれば食べられるようになるじゃないかと。科学者なら当然そういうものを作るだろうなと考えてしまったわけです。

稲盛　なるほど、それは面白いですね。

山中　でも天国ではそんなややこしいことをしなくても、長い箸を使ってみんなが仲良く向かいの人同士食べさせてあげていると。その気持ちを忘れて、科学技術に走ってしまうと、うどんは食べられても、決してみんなは幸せにはなれないなと。

稲盛　素晴らしいな。

山中　でも私たち科学者は一歩間違えると、地獄に出かけていって便利な箸を作ってあげようと。

稲盛　うまくいく方法を考えてしまう（笑）。

山中　それを売って一儲けしようなんていう科学者も出てきたりして。みんなもそういう便利な箸が開発されると、お互いに助け合うチャンスもなくなってしまう。正直、はっとさせられるものがありました。

稲盛　いや、この話は私の師事していた老師から伺った話なんですが、こんなユニークな感想を聞いたのは初めてです。

●しなやかに生き延びる力「レジリエンス」

山中　中高の6年間と大学の1年まで柔道をやっていましたが、柔道を通じて学んだことが今の自分の形成に役に立っていると感じます。指導してくれたのは西濱士朗先生ですが、先生は2年前に胃癌の手術を受け、２０１３年に70歳の若さで亡くなられました。最後にお会いしたのは亡くなる3カ月前だったのですが、最後に素晴らしい指導をしてくださいました。

稲盛　ほう、どういう指導だったんですか。

山中　車に一緒に乗っていたんですが、突然「山中さんなあ、レジリエンスっていう言葉を知っているか」と。

稲盛　レジリエンス？

山中　私も知らない言葉でした。西濱先生いわくレジリエンスというのは、つらい出来事があったときに、しなやかに適応して生き延びる力のことらしいんです。たとえば東北の震災で家族も家もなくした方が大勢いましたが、立ち直ることができずに自殺してしまった方もいた一方で、希望を失わずに立ち上がって前向きに生きる方もいる。このときの人間の力がレジリエンスなんだと。そして「レジリエンスは鍛えられるんだよ」とおっしゃったんです。

稲盛　すごいですね。

山中　だからそのとき、私にとっては西濱先生こそレジリエンスそのものだと思いますと言ったんです。あと1カ月か2カ月だろうということは先生もご存じなのに、まったく動じておられないと。そうしたら「僕もそれを考えているんだ。なんで自分はこの状態で強くおれるのかなと。それはきっと僕がみんなに感謝しているからなんだよ」とおっしゃるんです。先生の主治医は高校の教え子で私の先輩なんですが、非常に良くしてくれるんだと。奥様やご家族、友人、教え子、みんなが集まってきて僕を支えてくれている。だからこうしていられるんだと思う、とおっしゃるんです。

稲盛　素晴らしい先生ですね。

山中　はい。「柔道も練習したら強くなるだろう、同じようにレジリエンスというのも鍛えることができる。でもそれは自分だけでは無理や。人に感謝することによってレジリエンスは鍛えられるんや」と。それを聞いたときに、西濱先生にとって感謝というものがレジリエンス、強靭さの源なんだなと。

稲盛　それはまさに感謝のこころかもしれません。感謝は利他にも繋がっていきます。

山中　私も研究で世のため、人の役に立ちたいという思いを持っています。でも、いつも結構悩むのは、自分のことをどこまで優先して考えてよいのか、という点です。命を投げ出してでも他の人のために尽くした研究者もいますが、私がそこまでできるかというと正直、最低限自分の命は維持したい。さらに家族、友人、同僚との最低限というか、それなりの暮らしは維持したい。その上で、苦しんでおられる方の役に立ちたい、という順番なんです。

稲盛　それでいいんだと思います。私も含め、本当の聖人君子でない限り、なかなかできませんから。人は動物でもあるわけで、生きて家族も養っていかねばなりません。それはそれで大事なことです。先生はさきほど、感謝をするとおっしゃいましたが、それが何より大事だと思います。自分の奥さんに対しても家族に対しても自分の部下に対しても、言葉にはしなくても、心のなかで手を合わせてありがとうと思う。そこから全てがいいほうに始まっていくんだと私は思います。

●精神的深化を促すもの

山中　京都賞の理念の一節である「人類の未来は、科学の発展と人類の精神的深化のバランスがとれて、初めて安定したものになる」には共感しています。私たちは主に科学技術の発展のほうに関わっているわけですが、もう一方の人間の精神的深化とは、具体的にはどういう状態を指すのかな、と考えたりしています。

稲盛　私もよくわかりませんけれど、科学技術の進歩というのは人類が持っている好奇心と探究心によって次から次へと展開していく。でも精神的深化のほうは、そういうものではないんでしょうね。たとえば先生がやっておられるiPS細胞の研究は、神の領域にまで踏み込んでいきつつあります。それは人間の好奇心、探究心でどんどん突き進んでいくわけですね。そこにブレーキをかけようという話にはならない。しかし、「この方向で研究をしよう」というディシジョンをする、その決断するときの精神状態が非常に大事であると私は思っています。というのは、非常にピュアな思いで「この研究をやろう」と決断するのと、そこに少しでも不純物が混じった状態で決断するのとでは、結果は自ずと変わってくると思うからです。

山中　不純物というのは。

稲盛　たとえば、理化学研究所（理研・当時）の小保方晴子さんのSTAP論文撤回騒動です。ニュースで報じられた範囲しかわかりませんが、成果を期待された小保方さんに大きなプレッシャーがかかった結果、理研はあのような混乱に陥ったのではないかと思っています。私も若い頃はずっと実験をしていましたけど、発明や発見というものは、心を研ぎ澄ませて、現れた現象が物語っている真理というものを抽出しなければなりません。実験すればするほど、あらゆる雑音の入った現象が目の前に現れるわけですが、その中から真実の真理だけを慎重に抜かなければならないわけです。とくに生命科学のような神様の領域に入っていく研究の場合には、たとえば功名心のような私心、不純な心がほんの少しでも混じると、とんでもない方向にいってしまうのではないかと思います。

山中　私たち研究者は稲盛さんが今、まさに言われた真実を知りたい一心でやっています。だから学生には先入観を持つなと常々、言っています。こうあってほしいと思うと、そう見えてしまうときもありますので、白でも黒でもどっちでもいい。

本当は白黒どちらが真実かを知ることが私たちにとって一番、大事なことなんだと。私は経験上、これはすごい大発見だと喜んだら、２週間後には完全な間違いであったと奈落の底へ突き落とされたことが何度もあるので、まず、第一に自分を疑ってかかります。私の下でiPS細胞を作った高橋君が最初に持ってきたとき、「高橋君、喜ぶな。たぶんこれは何かの間違いだ」と。何度も実験を繰り返させ、何度もできたので、もしかしたら、今度ばかりは本当かもしれないと途中から思いましたが、心の片隅では、どこかで大ドンデン返しになるだろうと、警戒していました。経験上、最後まで勘違いじゃなかったのは、この１回だけです。

稲盛　たぶん、山中先生と高橋君の心に不純物がなく、動機がピュアだったからこそ、その成果を導き出せたのだと思います。私は宇宙には、森羅万象、あらゆるものを善なる方向に推し進めていこうという風が常に吹いていると思っています。われわれは事を成そうとするとき、その風を受けられるように帆を上げればいい。風はすべての存在が幸せになれるよう、善なる方向へ吹いているのですから、きれいな心、善なる心、利他の心で帆を上げなければ、追い風はうまく受けられないはずです。俺が俺がと勝つためには何をしてもいいという利己的な心で上げた帆は、皆のためにならないので、風をうまく受けられないと思うのです。京都賞を創設して以来30年間、「科学技術の進歩だけではなく、人類の精神的深化が進み、両者のバランスがとれることが大事である」と言い続けているのは、このためです。

山中　マラソンの話で恐縮ですが、私はよく鴨川沿いを必ず往復で走るのですが、風が強いんです。大体、毎日走っている感触では、上流に向かって走っているときが向かい風で、帰ってくるときは追い風なんですね。ただ、時々逆のことがあり、上流に向かって走っているときに追い風が吹くことがあるのです。でも、いつもと同じだと思っているので、そのことには気付かず、今日は体調がよくて速いなと勘違いするんです。ところが、折り返した途端、強い風が吹いてきてこの野郎と思ってしまう。でも、同じ風なんですね。さっきまで自分の背中を押してくれていた風が、折り返しで逆向きになっただけなんです。行きに押してくれたことを感謝しなければならないのにそれに気付かない。

稲盛　知らず知らずのうちに多くのものに支えられて生きている。それが人生です。考えてみれば、世の中で自力だけでやれることはそう多くは見あたりません。他からの協力、他力を得なければ、できないことがほとんどです。その他力の風を受けるためには、自分の心をきれいにして、「他によかれかし」という美しい心にすることが必要です。

私の好きなイギリスの思想家ジェームズ・アレンの言葉に次のようなものがあります。

「人間の心は庭のようなものです。それは知的に耕されることもあれば、野放しにされることもありますが、そこからは、どちらの場合にも必ず何かが生えてきます。もしあなたが自分の庭に、美しい草花の種を蒔《ま》かなかったなら、そこにはやがて雑草の種が無数に舞い落ち、雑草のみが生い茂ることになります。すぐれた園芸家は、庭を耕し、雑草を取り除き、美しい草花の種を蒔き、それを育みつづけます。同様に、私たちも、もしすばらしい人生を生きたいのなら、自分の心の庭を掘り起こし、そこから不純な誤った思いを一掃し、そのあとに清らかな正しい思いを植えつけ、それを育みつづけなくてはなりません」（『「原因」と「結果」の法則』より）

人間の心も少し手入れを怠れば、荒れ放題になってしまいます。特に人類の進歩につながるような重要な実験をする際には、研究者が心を研ぎ澄まし、純粋な心で臨まなければならないと思います。

山中　心を研ぎ澄ます……。なるほど。

稲盛　これからの時代は、研究者であれ、技術者であれ、経営者であれ、最先端で活躍する人間は、つねに人類にとって重大な影響をおよぼす難しい判断を迫られるはずです。そのときに必要になるのは、有能な研究者や経営者であるまえに、一流の哲学、人間性を備えることではないでしょうか。われわれのような人間が、一朝一夕に聖人君子になれるはずがありませんが、それを目指して、日々、反省を繰り返しながら、生きていくほかありません。真理を探究するには、次元の高い哲学を持つことが欠かせないのです。

山中　今回、こういう対談の機会をいただき、今後の人生を歩んでいく上で、多くの大切なことを教えていただきました。少しでも次元の高い哲学を持てるよう、日々研鑽してまいります。本当に有り難うございました。

文庫版あとがき

本書の出版のために、京都賞に続き、ノーベル賞を受賞された研究者として、かねてから敬意の念を抱いておりました山中伸弥先生と対談をする機会に恵まれました。山中先生から伺った、iPS細胞を代表とする、最新の医療技術や生命科学のお話から、その急速な進歩を改めて実感しました。

現代の科学技術の飛躍的進歩により、それまでは誰も想像できなかったような研究成果や新技術が次々と生み出され、我々は豊かで便利な生活を享受しています。まるで魔法のような科学技術を駆使する現代社会を見て、私は「人類が神業を手に入れたようだ」と感じています。

しかし、神業のような最先端の科学技術は、我々の寿命や生活レベルを向上させる一方で、人類に深刻な危機を与えつつあります。例えば、クローン技術や遺伝子診断技術など、生命の尊厳を脅かしかねない新技術が、次々と誕生しています。

こうした現実を直視するなら、神業を駆使する科学者や技術者、あるいは、その技術を利用する人々が、少しでも誤った考え方を持てば、人類の破滅に繋がりかねないと危惧しています。もはや神業である科学技術を、何人も勝手気ままに使うことは許されず、それを「何のために、どのように使うのか」という確固たる哲学を確立しなければならない時代に突入しているのではないでしょうか。

では、我々はどのような哲学を心の中に持つべきか。今回の対談を通して、私が確信したのは、我々の心の中に「世のため人のために尽くしたい」という真摯な思いがなければならないということです。

そのような高い志を持って、厳しいグローバル開発競争の中、最先端の研究に取り組んでおられる山中先生の姿を見て、私は深い感銘を受けました。今後、科学技術を利用する人類の責任は、ますます重くなっていくと思われますが、その重責を果たすためにも、我々が努力を怠らず、自らの心を高め、高邁《こうまい》な哲学、倫理を身につける必要があると考えています。

京都賞の理念の中には、「今後、人類の未来は、科学の発展と人類の精神的深化のバランスがとれて、初めて安定したものになる」という一節があります。ともすればバランスを崩してしまいそうな現代社会にあって、科学技術の進歩と歩調を合わせて、我々人類が精神的にも倫理的にも、長足の深化を遂げんことを願って止みません。

本書は、親しみやすい対談形式ではありますが、科学技術の進歩と人間のあり方について、多くの示唆に富む内容となっています。本書を手にとって、現代社会の問題に思いを巡らすことにより、読者のみなさんが、より幸せで充実した人生を送られますことを心より祈念しています。

２０１７年２月

稲盛和夫

構成　石坂晴海
編集　森下香枝

賢《かしこ》く生《い》きるより　辛抱強《しんぼうづよ》いバカになれ　朝日文庫

2017年３月30日　第１刷発行
2022年10月10日　第３刷発行

著　者　稲盛和夫《いなもりかずお》　山中伸弥《やまなかしんや》

発行者　三宮博信
発行所　朝日新聞出版
〒104-8011　東京都中央区築地5-3-2
電話　03-5541-8832（編集）
03-5540-7793（販売）
印刷製本　大日本印刷株式会社

Published in Japan by Asahi Shimbun Publications Inc.

ISBN978-4-02-261896-2

トーマス・バーゲンソール著／池田 礼子、渋谷 節子訳
アウシュビッツを一人で生き抜いた少年
A Lucky Child

子供が真っ先に「価値なし」と殺された収容所で、最後まで諦めないことを教えた両親の愛情と人々の勇気によって、奇蹟的に生き延びた少年の自伝。

アントニー・ビーヴァー著／堀 たほ子訳
スターリングラード
運命の攻囲戦 1942−1943

第二次世界大戦の転換点となった「スターリングラードの大攻防戦」を描く壮大な戦史ノンフィクション。《解説・村上和久》

上野 正彦
裏切られた死体

「神様、助けて……」。なぜ、その人は最後に苦しまなければいけなかったのか。二万体の死体を検死してきた名監察医が綴った〝幸せの形〟とは。

松田 美智子
新潟少女監禁事件
密室の3364日

男はなぜ少女を拉致したのか？ 九年二カ月にわたる監禁の全貌とその後の新事実を明かす衝撃のノンフィクション！ 文庫化にあたり大幅加筆。

小林 美佳
性犯罪被害にあうということ

二四歳の夏、私は性犯罪被害にあった。加害者への感情、変わってしまった人間関係など、被害の実態を克明に記した勇気のノンフィクション。

小林 美佳
性犯罪被害とたたかうということ

前著で自身のレイプ被害を実名告白した著者がこれまでに交流した被害者三〇〇人の証言。そこから見える、残酷なまでの性犯罪被害のリアル。

小河原　正己
ヒロシマはどう記録されたか　上・下
上・昭和二十年八月六日／下・昭和二十年八月七日以後

原爆の一閃により、すべてが止まったヒロシマで、爆心地を目指した記者たちがいた。核の時代の原点に迫る、現代人必読の書。《解説・竹西寛子》

中山　英一
被差別部落の暮らしから

部落解放同盟長野県連合会書記長として、多くの差別事件に取り組んできた著者が、差別の淵源と人間の真の価値を考える。《解説・北口末広》

遠藤　誉
チャイナ・ナイン［完全版］

胡錦濤総書記時代、中国を動かしていたのは中国共産党中央政治局常務委員の九人だった。あまりに生々しい権力の全貌。《人と作品・山田孝男》

松尾　秀助
琥珀色の夢を見る
竹鶴政孝とリタ　ニッカウヰスキー物語

竹鶴政孝とリタは、日本人に本物のウイスキーを飲んでもらう夢を実現させるために励まし合い、試練を乗り越えていく。

早瀬　利之
リタの鐘が鳴る
竹鶴政孝を支えたスコットランド女性の生涯

本格ウイスキー造りを目指した竹鶴政孝は苦労の連続だったが、リタは折れそうになる夫を励まし続けた。一人の女性の一〇〇％ピュアな純愛物語。

鈴木　大介
最貧困シングルマザー

虐待、DV、うつの末、貧困の蟻地獄に堕ち、出会い系サイトで売春するシングルマザーの実態に迫った衝撃のルポルタージュ。《解説・室井佑月》

湯浅　誠

ヒーローを待っていても世界は変わらない

「反貧困」を掲げ、格差拡大に立ち向かう著者渾身の民主主義論。地方創性や教育問題の深層にも迫る補章を追加。《解説・あさのあつこ》

マリアン・レガト著／下村　満子監訳、山田　睦子訳

すぐ忘れる男　決して忘れない女

男と女のコミュニケーションはなぜいつも嚙み合わないのか？　コロンビア大医学部教授が、最新医学の観点から男脳と女脳の違いをズバリ解説。

森川　すいめい

漂流老人ホームレス社会

なぜホームレスにならなくてはいけなかったのか。うつ・DV・認知症・派遣切り……二〇年以上ホームレス支援を続ける精神科医が現実を活写。

山田　清機

東京タクシードライバー

一三人の運転手を見つめた、現代日本ノンフィクション。事実は小説よりせつなくて、少しだけあたたかい。第一三回新潮ドキュメント賞候補作。

瀧口　範子

行動主義　レム・コールハース　ドキュメント

中国中央電子台本部ビルを始め、世界的建築物を手掛けるカリスマ、レム・コールハース。知られざる彼の全てをあぶり出す渾身のドキュメント。

内田　樹／小田嶋　隆／平川　克美

街場の五輪論

新国立競技場建設見直し、膨れ上がる費用問題……。「開催万歳！」の同調圧力に屈せず、成長戦略としての東京五輪に異論を唱える痛快鼎談。